大是文化

探偵の

# 徵信社長才知道，
# 婚姻的真相

世上有堅定不移的愛情？哪種人最容易外遇？
經手26萬件外遇的徵信社長最知道的變心跡象。

營業額日本第一的徵信社女社長
岡田真弓——著　羅淑慧——譯

CONTENTS

推薦序一

# 為徬徨於婚姻之人提一盞溫煦燈光，照亮腳下之路

立達徵信社創辦人／謝智博

徵信社一詞，在國人眼中一直籠罩著一層神祕面紗，使人難以一窺堂奧，一方面是國內業者刻意為之，另一方面是有接觸過徵信業者的人，往往也赧然於敘說委託徵信社的體驗。

就徵信社一詞的定義，應出自於《禮記．中庸》：「上焉者，雖善無徵，無徵不信，不信民弗從。」「無徵不信」以白話為之，則是沒有證據，難以使人相信。是以，徵信社應是蒐羅證據，使人發現真相的一個行業。這一點，您會發現本書作

者，綜合徵信社ＭＲ股份有限公司社長——岡田真弓，盡責且確切的將「徵信」一詞發揮得淋漓透徹。

常常有人問我，為什麼會選擇一頭栽入徵信社這樣高風險又神祕的行業，其實我也思考了很久，僅是簡單的為了賺錢而已嗎？還是為了看看這些八卦畫面、窺探他人的生活？我想應該是深切體悟到這個行業在社會中的必要性，我們可以替無助的客戶挖掘真相、爭取公道、解決問題……而能在徵信業的舞臺中，找到屬於自己的定位，為迷途中的委託人提一盞溫煦的燈光照亮腳下的路，使之少些顛簸、踉蹌，令我得以實現自我價值。而能參與一個又一個人的人生，將一篇又一篇的故事譜寫後珍藏於腦海中，只有這個行業才得有如此大量的機會。

閱讀此書時，內心油然而生「他鄉遇故知」之感。讀者將會看到作者的團隊是如何從接洽案件開始，為客戶確實擬定辦案方針，並就案情的突發變化做出適切的調整，進而依據調查而得的證據，給予專業建議，讓徬徨無依的委託人能安心依靠。彷彿是為生命中的隱語標以註解，在人生的航向觸礁前給予警示。如果發揮得當，可以有效為客戶改善現況；反之，若行之不慎，則可能毀人一生。

從本書中，我們將看到各種外遇的人不同下場，究竟外遇對日後的生活會有什麼樣的影響？你以為外遇的人日子就一定會過得悽慘落魄嗎？有些故事最後甚至跌破眾人眼鏡，不看到最後永遠不知道結局。書中也清楚寫下關於日本調查員艱辛的一面，以前只能伏在角落，不被社會認同的徵信業，到後來塑造專業至可以獲得社會認可的樣態，這一路走來有多少辛酸血淚？還有，你知道令調查員最感棘手的是哪三種人嗎？就連調查員也推薦的變心驗證法又是什麼？唯有親自讀完才能領悟的徵信業奧祕。

我從業十四年以來，致力於此一行業的透明化，當得知出類拔萃的同行社長岡田真弓之著作將要在臺發行，內心喜不自勝，因「他山之石，可以攻錯」，此書的專業內容，可以讓國內從業人員或經營者能引以為標竿，提升並優化執業手法；亦可讓對徵信業這行有興趣的民眾，得以略窺門徑，加速此一行業的透明化。

今有幸得以獲邀為此書寫序，我深感惶恐，因自知筆拙，難以描摹此書精彩於萬一，只懇切並由衷的推介此書予每位在婚姻中迷途的朋友、和有志於從事徵信社一途的有志青年，此書絕對能帶給你不一樣的思考角度！

推薦序二

# 不是婚姻沒有救，而是你先要救自己

療癒系旅人／雪兒 Cher

越愛什麼，就越恨什麼，外遇的人總是找理由，被愛的人老是在奢求過去。婚姻代表的是對彼此忠貞不二的誓言，當你決定踏入婚姻後，就必須遵守互愛扶持一生的諾言。不過人本來就是個感情動物，婚姻只能保障彼此法律上的名義，卻無法牽制婚後非誰不可不然就無法活下去。

《徵信社長才知道，婚姻的真相》敘述徵信社的調查員如何埋伏、跟蹤、目擊外遇者，委託人如何在得知真相後，表現出憤怒、怨懟跟悲傷的情緒，離婚並不是每一個調查最後的結果，而是坦然接受事實後，誠實面對自己的情緒，做出對自己最有利的決定。

令我驚訝的是，書中說發現外遇之後，有七一%的人會繼續維持婚姻的關係，一六%的人會訴請離婚。若你想判定另外一半是否外遇，書中還有教導透過五種驗證方式——手機、錢包、汽車、性關係、日常的改變來判定另一半是否外遇。閱讀之後，我寫了一封信給出版社，說這真是無敵的「外遇抓猴教戰手冊」，很適合給感情婚姻極度脆弱不安的人，去思考該怎麼面對自己破碎的情感。

曾有讀者寫信給我，說面對另一半的外遇，她受到非常大的精神折磨。她無法放下對另一半的愛，也沒有辦法接受被背叛的事實，她想為自己討回公道，卻又怕從此就要放開對方的手，問我該怎麼處理？我說，對方已經在感情上背叛了妳，妳不能也在感情上背叛自己。有愛才有恨，越恨就越無法放下，這不是外遇的人去死就能解脫，而是要放下對愛的執著、對恨的報復心。

如今外遇已經不是不能說的祕密，大多數的外遇都存在本質上的改變，關係破碎的其中一環，書中所記錄的調查員工作，很像自己在私訊中解決讀者的情緒問題，必須學會聆聽、判定事實、安慰對方，最終給予最真實的建議，只不過我不用喬裝角色去跟監外遇者。書中也詳細敘述作者團隊如何在情理法間協助個案找回人生下一站的車票。他們最大的難處，在於會觸碰到委託人心裡最軟的那塊，卻得硬起來把真相交還給委託者自行判斷。

外遇者與委託者，是人類關係最複雜難解的一環；徵信社與調查者，從人性面去撥開謊言下的真假，婚姻外遇的真相或許難堪，但都好過自欺欺人。本書推薦給對婚姻心神不寧的你，不是你的婚姻沒有救，是你要先救你自己。

推薦序三

# 看盡人間百態，抽絲剝繭後的幸福與難堪

兩性作家／艾姬

婚姻到底是什麼？真的如同圍城般，外面的人想進來，裡面的人想出去？牽手難，分手更難，尤其在婚姻裡面，當配偶外遇了，你還得實實在在掌握可用證據，才能思考下一步該怎麼走。山盟海誓的承諾，變成諜對諜的把戲。當其中一方破壞了婚姻中的信任，該修復關係還是當作錯愛一場後放彼此自由？是雙方必須好好討論與選擇的課題。

本書作者是徵信社社長，她表明外遇調查占徵信業務的多數，從實例故事中，反映出現代婚姻的各種樣貌，包括委託者以什麼樣的心情委託調查，調查出的結果

和後續處理等。這些婚姻故事，很可能真實發生在你我身邊。透過徵信社抽絲剝繭的跟監、埋伏，令委託人傷心難過的或許不只是外遇本身，而是伴侶在家庭之外令人難以想像的另一種面貌。

我長年撰寫兩性專欄，聽聞過許多婚外情故事。包括外遇的先生和妻子、在罪惡感及快感中掙扎的小三或小王。無論是本身性格愛拈花惹草，或是貌似單純無害忠良愛家，都有不為人知的另一面。許多情節就如同書中案例的雅子，在知道先生每個月給情婦五十萬日圓當零用錢時的氣憤反應：「我先生給我的生活費，一個月頂多只有五萬日圓！外面的女人居然拿十倍之多，這是怎麼回事！」

婚外情男女的另一種面貌，的確出乎意料。本來節儉樸實的伴侶，在外遇對象面前變得出手大方；內斂保守的伴侶，在外遇對象的床上變得大膽放浪；衣冠楚楚的伴侶，竟能和外遇對象互傳很多鹹溼對話。到底是因為露水姻緣像是婚姻的出口，讓不為人知的本性有了另一扇窗口？還是婚姻裡充斥的壓力、壓抑、禮教與倫理的框架，將原先在婚姻中的人，逼到了懸崖邊？想要摘取懸崖邊的玫瑰，就要有粉身碎骨的覺悟，作者在第一章中就揭示了各種結果作為借鏡。

我和臺灣的徵信業者有長期合作夥伴關係，因為和徵信社老闆謝智博熟識，平常也在他的社群媒體上看過許多匿名的真實故事。大眾對徵信社有許多想像，也有許多刻板印象。然而，專業優質的徵信業者就像此書所傳達的理念一樣，調查工作只是為了查出真相，並幫助委託者釐清疑慮，而不是成為撕裂關係的助攻者，他們甚至很願意結合專業諮商師，和當事人詳談，以修復雙方關係。

徵信業者的執業範疇，不只是調查外遇，還包括尋人、婚前徵信、企業徵才徵信等，本書皆有所著墨，從案例故事中給予很好的提醒。此外，調查員如何進行調查、埋伏、跟監？跟監時若調查對象進入電梯時該如何應對？跟監時被社區警衛懷疑是可疑分子時該如何應答？如何成功取得照片證據？相關細節都將揭露於書中，令人大開眼界。透過本書學習專業技巧後，會不會有很多大老婆開始興致勃勃想要自己當柯南了呢？

閱讀本書，不但能夠讓我們看盡人間百態，也讓我們看見抽絲剝繭後的幸福與難堪。

## 前言
# 我開徵信社，是為了挖掘使人幸福的真相

每次接受媒體採訪時，我一定會被問：「為什麼想開徵信社？」我想開徵信社的理由十分單純。雖然早已透過各種不同的機會說明過許多次。

以前，我在信箱裡面看到一張徵信社的傳單，上面寫著大大的四個字「外遇調查」讓我印象深刻。幾天後，又有其他間徵信社傳單投進信箱，「外遇調查，揪出真相！」、「心存懷疑，那就採取行動吧！」之類的聳動標題，就這樣不斷深入我的腦海。

那時，我正從事房地產工作，一直想自行創業。就在煩惱該從事什麼行業時，正好看到這些傳單，簡直就像是命運的安排。

「原來社會上有這麼多外遇案件。調查這類案件的調查員，或許會有市場需

求……。」仔細研究後才發現，居然還有專門訓練調查員的學校。我馬上申請入學，學習調查案件、宣傳方法和經營方法等專業知識。越是深入了解，越是深刻感受到市場上對這個行業的需求。就這樣，我開設了「綜合徵信社MR股份有限公司」，宣傳單才發出兩、三天，馬上就有委託上門。

如我所預料，第一個案件果然是外遇調查。丈夫和妻子分居，妻子懷疑情婦好像偶爾會前往丈夫的住處，於是我花了三天三夜，不眠不休的埋伏，終於拿到丈夫外遇的證據。在我看到長期因為丈夫出軌而痛苦的妻子，終於得以消除心中的不甘而展露笑容時，我第一次感受到徵信這份工作的醍醐味，也深刻感受到，這份工作並不單純只是追求利益。

調查員必須成為那些苦於各種人際關係的人的強力後盾，而委託人的感謝，才是這個行業的價值所在。這是我在第一個案件中所學習到的，同時也是我的起點。每次有機會憶起，我都會提醒自己，千萬不要忘了初衷。

在徵信社成立四年之後，日本的《徵信業法》正式生效（按：臺灣目前沒有明確的法律規範）。過去只能躲在灰暗角落的調查員，總算得以光明正大的走在陽光下。那個時候，公司的委託案件急遽增加，我終日埋首於繁忙的業務，回過神來，才發現公司已成了業界之冠。

調查員每天都會遇到意想不到的戲碼，還會有接連不斷的驚訝和發現。有時也會親眼目睹愛恨交織的男女關係，見到不可置信的扭打場面。為了傳達他們的真實面貌，我會盡可能把過去實際接觸到的故事介紹給大家。

在接觸這麼多事件的過程中，我發現外遇也會隨著時代而產生變化。這次，我公開了本公司長年以來蒐集的外遇相關資料。我想大家應該會對徵信社所做的外遇分析十分感興趣。

出軌並不是什麼特別的事。出軌的人也好，被出軌的人也罷，都很普通、平凡。被外遇的妻子或丈夫，總有訴說不盡的不甘。為了更客觀的分析外遇，本公司的員工會和諮商師一起聯手合作，陪同客戶一起尋求解決方法。以前的徵信社只要查到證據，工作就算告一段落。可是，情感創傷仍留在委託人身上。

即便遭遇外遇，不論是誰，都可以選擇重新開始。假設丈夫與情婦的婚外情時間長達三年，那對夫妻就必須花比三年更長的時間，才能夠完全修復夫妻關係。**根**

**據實際狀況，追蹤委託人的心理層面等各方面後，我們發現約有七成委託外遇調查的案件，都會選擇繼續維持夫妻關係，而不是離婚。**

徵信社要在深奧難測的世界調查外遇，就必須具備專業知識。本書將刊載埋伏、跟監與訪查等技巧。本公司也有經營調查員學校，學生在學校裡究竟都學些什麼？本書也將全面公開詳細內容，相信大家對調查員這個職業會有更具體的了解。

日本國內有許多大大小小的徵信社，負責人幾乎都是男性，女性負責人十分罕見，甚至讓我懷疑自己是不是唯一的那一個女性。或許是因為如此，我經常聽到前來本公司諮詢的人說：「徵信社總給人一種難以親近的印象，可是，女性社長所開的徵信社卻讓我安心許多。」

今天，我們同樣也在現場辛苦的暗中調查。如果能夠透過本書，讓大家對徵信社有更深入的了解，那將會是我人生中最大的幸福。

# 第一章

# 從二十六萬件外遇諮詢中，看到的婚姻真相

# 1 盡頭是天堂？還是地獄？

人們常說，「現實往往比小說更加離奇」。自從二〇〇三年開設徵信社以來，公司受理的外遇調查諮詢多達二十六萬件左右，期間更承接過無數令人不可置信的案件。當中最令我印象深刻的是，有些人因為被揭發外遇而失去一切，連名譽、聲望和別人對他的信任也全都一敗塗地，人生陷入絕望深淵；有些人則是接納另一半出軌的事實，對夫妻間的情感有更深刻的理解，人生變得更加圓滿。

「外遇」兩個字說來簡單，實際上卻十分複雜難解，男女之間的愛恨情仇，就像沒有答案的迷宮。

因此，我想先跟大家分享，我從調查員角度所目擊到的各種外遇下場。

# 2 幸福是幻想？丈夫與六個情婦

委託人佐和子是年近五十歲的家庭主婦。第一次見面的時候，就察覺她是個穿著講究、待人有禮的女性。她和丈夫因為辦公室戀情而在二十多年前結婚，之後生下三個孩子，過著平凡且幸福的生活。

丈夫在管理顧問公司上班，是非常典型的工作狂。家務、育兒全都拋給妻子。是「我有認真賺錢養家，所以妳不該有怨言」的大男人類型。丈夫收入的確不錯，生活方面衣食無缺，甚至每年還可以全家出國旅遊一次。不過，丈夫幾乎沒有參與這些家庭活動。

丈夫平常幾乎都早上才回家，也很常出差，經常長達三、四天都沒回家。佐和子對丈夫的行徑感到異樣，那份懷疑與日俱增，最終便決定尋求徵信社的協助。進一步深談後，更令人驚訝的是，其實早在雙方交往時，佐和子就已經心生懷疑。

「其實這二十年來，我一直心存疑慮。當年我準備和我先生結婚的時候，同事們都很擔心的問我：『真的沒問題嗎？』他們告誡我，我先生還有別的女人。我才知道，原來那早已經是公開的祕密，除了我之外，公司上下全都知道。我索性找他問個清楚，結果，他說：『他們說的應該是前女友吧！我們早就已經分手了。』我便相信了他的說法，和他結婚。」

可是，那份懷疑仍存在佐和子的心底，沒有半點消退。現在在她的眼裡，丈夫的所有行為都讓她覺得可疑，就算試圖相信對方，卻怎麼樣都沒有辦法找回信任，所以她希望查明真相，讓自己可以安心。她希望一切都是自己想太多，也希望找不到老公出軌的證據，藉此證明丈夫的清白。

聆聽這一切的我卻覺得希望渺茫。

我們開始深入調查，然而之後面對丈夫膽大包天的舉動，就連身經百戰的調查員們也感到愕然。

## 丈夫的出軌，從結婚前就開始

調查結果發現，她的丈夫居然有六位情婦。第一個情婦是婚前開始交往，時間長達二十年之久，年齡約在五十歲上下，是個打扮華麗的女性。丈夫大約每週會前往情婦住處一次。每次丈夫去的時候，她似乎都會親自下廚，總是興高采烈的去生鮮超市，採購一堆食材回家。這個情婦應該就是讓大家不斷在婚前給佐和子忠告的對象吧！

丈夫的情婦可不只這些。丈夫在學生時代有參加合唱團，現在仍會利用空閒時間，參加社會人士的合唱團。他在裡面有兩個情婦，一個是四十歲的單身上班族，另一個則是三十歲的人妻。

他習慣在練習結束後，和其中一個一起離開練習室。彼此間就像床伴，兩名小三似乎也能接納這樣的關係。合唱團練習結束後，固定會直接上賓館開房間。丈夫和情婦手挽著手，一起走進賓館的瞬間，全被本公司員工拍了下來。

除此之外，還有三個從事酒店公關的情婦。雖然不確定他們的關係是從什麼時候開始，又持續了多久，不過，三位酒店公關都只有二十幾歲，交往時間應該比其他情婦都來得短。雖然丈夫有時會去酒店消費，但主要還是在外碰面，且都是直奔賓館。丈夫偶爾也會陪伴購物、負責買單。

總之，丈夫的六位情婦們有著不同的年齡和外貌。如此貪婪且荒淫無度的作為，連男性調查員們也驚呼連連。我們甚至還查到了佐和子完全不知情的事。

丈夫名下持有兩棟公寓，全都是丈夫的隱匿財產。擁有那麼多情婦，當然要有雄厚財力，為此，丈夫拚命投資，再拿投資的利潤進一步投資，所以才會持有兩棟公寓。情婦和隱匿財產，佐和子根本無法想像會有這些事情。在二十年的婚姻中，這些祕密之所以沒被發現，全都是因為佐和子良善，以及丈夫太能言善道。

告知調查結果後，佐和子先是發出幾乎沒有聲音的微弱呻吟，然後突然潰堤似的大哭。「雖然曾經懷疑過，卻沒想到這麼誇張，一直相信他的我是不是太蠢了？」或許是太過震驚，佐和子趴在諮商室的桌上哽咽哭泣，久久無法停止。

表面上看似幸福的家庭，剝去虛假的外殼後才發現，丈夫終日沉浸在外遇世界，對妻子完全沒有感情。剛開始，佐和子只是不斷哭泣，不過在聽取報告的過程中，她似乎漸漸恢復了理智，最後終於冷靜下來，清楚的跟我們說：「原來我一直被蒙在鼓裡。他居然做出這麼過分的事情，我絕對不會原諒他。我不想跟他埋在同一座墳墓裡。」

同樣身為女性，我非常了解佐和子的心情。被打從心底深信、深愛的人徹頭徹尾的背叛，不感到絕望才奇怪。我告訴她，提出離婚的時候，這次的調查結果會成為鐵證，如果有需要，我也可以介紹優秀的律師給她。可是在我說出「離婚」這個字眼時，我清楚看到佐和子臉上的不知所措。

今後該怎麼辦？現實逼迫她做出艱難的選擇。

## 離婚生活一定悲慘？我杞人憂天了！

數個月後，佐和子主動跟我聯絡。她已經下定決心，與丈夫開始了以離婚為前提的分居生活。

雖然我們的工作已經全部結束了，但並不代表一切就隨之落幕。無論如何，我們都要以盟友的身分，陪伴委託人走到最後，這是我的信念。除了介紹優秀的律師、受理促進離婚調解的諮詢之外，我們還會把各項證據彙整成報告書，做好一切準備工作。

對丈夫來說，從突如其來的分居，到出庭、收到律師的通知，還有調解，應該會有一種莫名其妙被離婚的感覺吧？

妻子在調解時揭露丈夫荒唐的男女關係，就連調解委員也當場傻眼，丈夫也沒有半點反駁的餘地。關於贍養費和財產分配，佐和子接收了丈夫持有的兩棟公寓，還對外遇對象提出損害賠償，對婚前開始交往的小三求償兩百萬日圓，合唱團裡的兩名情婦則分別求償一百萬日圓。交往時間最長的小三很乾脆的賠了，而合唱團的情婦則是哭著央求，最後協議賠償一半的金額。

看起來一切似乎已經圓滿解決，可是，我還有一件事很擔心——和一起生活長達二十年的丈夫分開，佐和子不會後悔嗎？會不會因為同情，而把公寓還給丈夫？

我根本是杞人憂天。

「岡田小姐，我現在準備買第三間公寓。我覺得房產投資還挺有趣的。其實啊，房產投資公司的業務員，長得還挺帥的喔……嘻嘻嘻。」聽到佐和子開心報告近況的同時，我也在心中默默祈禱，希望她不要再被男人給騙了。

## 3 請幫我揪出丈夫是同性戀的證據

結婚十年，雖已年過四十，但或許是因為臉型圓潤、臉頰豐滿的關係，委託人紀美代看起來比實際年齡還要年輕許多。第一次見面的時候，她臉上始終掛著開朗笑容，完全看不出有半點心事。

可是，一走進公司，她便斬釘截鐵的跟我說：「我老公肯定是個同性戀。我懷疑他跟我結婚只是個幌子。」細問後才知道，她和丈夫是透過親戚介紹，短暫交往後就結婚了。交往期間，丈夫完全沒有碰過妻子，甚至從婚後到現在，兩人也幾乎沒什麼肉體關係。

既然如此，當初為什麼要結婚？正當我準備開口，紀美代則主動回答了我心中的疑問：「結婚的時候，丈夫是個彬彬有禮的公務員，親戚給予的評價很不錯，大家都認為他應該是個非常理想的丈夫。他的外貌、學歷、收入都很不錯，我也認為他是個非常理想的對象。」

雖說紀美代早已不是處女，但她的性經驗也不多，因此，對於丈夫不在婚前索取性行為，她是讚賞的，認為丈夫是個「正直的人」。只要兩人正式成為夫妻，身為男人的丈夫，肯定會善盡夫妻之道。

但這卻只是妻子的一廂情願。

婚禮結束、洞房花燭的那一夜，丈夫仍沒碰過她一根手指頭，即便兩人同住一個屋簷下，丈夫依舊沒有向她求歡。終於，紀美代不安的情緒潰堤，開口要求丈夫：「我們是夫妻，希望能有正常的夫妻生活。」結果丈夫總是回答：「我工作很忙，太累了。」

即使如此，紀美代還是十分積極。

在新婚當時，大約半年一次，丈夫也曾因為耐不住她的要求而給予回應，卻總是半途而廢，未能盡興，現在則是呈現無性生活的狀態。隨著時間過去，「還沒懷孕嗎？」之類的關切也開始增多，這讓她獨自一人陷入苦悶。

「怎麼可能會有孩子？我們根本沒有做啊！」丈夫不求歡的原因，難道是因為自己魅力不夠嗎？於是，紀美代開始去美容院做護膚保養、買性感睡衣，努力嘗試各種方法，還是徒勞無功。

妻子沒辦法找任何人商量，只能終日苦惱，徹夜難眠。漸漸的，她開始覺得丈夫不索求肉體關係實在怪異，幾番思考後，她得到的結論是：「丈夫是個同性戀，所以對女性不感興趣」。

「請幫我揪出丈夫是同性戀的證據。」紀美代以堅定的眼神說道。

客觀來說，紀美代雖然有點圓潤，但絕對不缺乏魅力，笑容也十分可愛、迷人，應該是個會讓男人想入非非、產生性衝動的女性才對。越是了解紀美代的煩惱，越是感到不可思議，為什麼丈夫不願意有性關係？

「丈夫可能是同性戀」，這個說法的確滿有說服力，但以現階段來說，沒有任何證據可以證明。儘管我向調查員們說明了紀美代的懷疑，但我還是命令他們不要帶有任何預設立場，要冷靜蒐證。於是，埋伏在丈夫身邊的行動就此展開。

## 同性戀酒吧中的媽媽桑

開始調查後的兩週，徵信人員持續跟監丈夫，卻沒發現任何怪異行徑，丈夫下班後大多直接回家。就算偶爾和同事去小酌，也沒有任何異樣。當然，也沒有發現什麼情婦，他甚至連酒店都沒有去。

「搞不好他是清白的？」就在調查員全體都有這種共識的某一天，埋伏等待丈夫下班的某調查員，察覺到丈夫的行為不太尋常，那並不是回家的方向。他一路尾隨，結果丈夫走進新宿二丁目的同性戀酒吧，而且就他自己一個人。

那位調查員也若無其事的跟進去，丈夫坐在吧檯，和店裡的媽媽桑（雖說是媽媽桑，事實上是名男性）親密交談。不管怎麼看，就是一副熟客樣。那天晚上，丈夫在酒吧裡待了兩個小時後才回家。

在調查的兩個月期間，丈夫雖出入那間酒吧數次，卻無法證實他和男性間有任何親密接觸。當然，他也沒有和任何女性見面，就行為而言，他是個十分中規中矩的人，他在酒吧裡喝的是雞尾酒，完全不曾喝到酩酊大醉。

他只不過是出入同性戀酒吧而已，並沒有找到半點丈夫是同性戀的證據。於是，我的員工就以常客的身分，向同性戀酒吧的媽媽桑打聽丈夫的事情：「啊啊，那個人啊！聽說他有勃起功能障礙，一直很苦惱。我就跟他說，既然如此就乾脆當個同性戀好了，但他總是笑著蒙混過去。」

原來，在十年的夫妻生活中，之所以沒有肉體關係，是因為丈夫有勃起功能障礙。雖然並不了解是精神方面，還是身體方面的問題，但只要去醫院檢查，或許就有可能治癒，但他似乎羞於啟齒，因而獨自承受，唯一能夠傾聽他的煩惱的人，就只有同性戀酒吧的媽媽桑。

「或許是因為我外表雖是個男的，內心卻是個女人，所以就算向我坦承下半身的煩惱，他也不會有自卑感。」我把媽媽桑說的話寫在報告書裡，並向紀美代說明結果。她雙肩一垮，像是鬆了一口氣：「原來如此。他不是同性戀……。」

就比例來說，調查丈夫外遇的案件中，**丈夫與男性有不正常關係的案例並不少見。許多妻子在得知丈夫喜歡男人勝過女人，幾乎都會震驚萬分，**久久無法平復，這次卻完全相反。

紀美代期望有正常的夫妻生活，如果丈夫是同性戀的話，她似乎就會用這個理由逼迫丈夫離婚。而在聽完一連串的調查結果時，紀美代像是頓悟似的道：「好，我知道了。」

我認為婚姻生活應該有各種不同的形式，渴望肉體關係的妻子，和無法回應妻子需求的丈夫，在這種狀態下，確實很難維持彼此的關係。可是，只要好好接受治療，應該還是有改善的空間。雖然我提議在不傷及丈夫尊嚴的情況下，讓丈夫接受治療，不過，紀美代的反應似乎有點消極。

## 沒有性愛的夫妻生活，很沉重

在後續追蹤的聯絡過程中，我收到了紀美代寄來的電子郵件。本公司在案件調查結束之後，仍會受理委託人的諮詢，算是公司提供給委託人的售後服務。

據她表示，在了解調查結果後，她馬上採取離婚調解，而丈夫則像是早就做好心理準備似的，答應得很爽快。或許對丈夫來說，沒有性愛的夫妻生活，是個沉重的負擔。對彼此來說，重新開始才是最好的選擇。

紀美代告訴我，她在離婚不久後，便和另一名男性再婚了，現在也有了可愛的孩子。她在信中表示：「是徵信社調查出的事實推了我一把，讓我能勇敢踏出下一步。真的非常感謝你們。」

徵信社總會接觸到各種不同的人生面貌。這次不是外遇案件，也沒有得到委託者所想要的結果，卻揭露出另一個事實真相。**只要徵信社的調查結果，能夠成為委託人未來規畫上的助力，對夫妻各自來說，或許也算是個不錯的人生指標。**

這次案件讓我暗自發誓，期望今後的調查也能幫助委託人邁出幸福的第一步。

# 4 好奇心能殺死一隻貓，懷疑也是

委託人夏美是名六十多歲的家庭主婦。但是肌膚上的深刻皺紋和憔悴形象，讓人乍看之下幾乎會誤以為是個七十多歲的婦人，而她的丈夫一直玩弄著她的人生。

「我從二十多歲以來，就一直苦於丈夫外遇，隱忍得十分辛苦。我的生存價值，就是希望哪天可以抓到他出軌的證據，然後和他離婚。」

在接到電話時，夏美就明確表示希望調查丈夫的外遇，這種案例其實並不多。一般人就算懷疑伴侶可能出軌，大部分的情況都是先諮詢，再決定是否委託。而夏美的態度十分堅決，一開始就堅定的說要委託，大概是長年加諸在她身上的羞愧之情的關係吧！聽著夏美的話，宛如可以感受到夏美多年積累的痛苦與悲傷似的，我的胸口不禁隨之疼痛了起來。

「以前，就算知道丈夫外遇，但為了孩子，我還是會選擇視而不見，不斷忍耐。現在，辛苦拉拔的孩了都已經成家，經濟方面也比較寬裕了，所以我想要離婚、想報仇。」

「想離婚、想報仇」，這句話才是夏美真正的心聲吧！夏美說她的先生已經退休，應該每天都無事可做，但是，她先生身旁似乎還是有其他女性的身影。

「明明都已經退休了，卻經常一出門就是好幾個小時。肯定是去找女人、搞婚外情。請你們盡快調查。」

夏美當場就決定委託，像是從好幾年前就開始為了這一天而準備似的，連費用也都準備好了。為了消除夏美的苦悶，我和員工們齊心一致，決定要掌握丈夫外遇的證據。

我們每天緊迫盯人，仔細調查丈夫平日的行為舉止，絲毫不放過半點可能在某處和某人見面的瞬間。

夏美的丈夫是個身材標準、高大且舉止優雅的紳士，同時又兼具運動員風格。從外表來看，的確是深受女性歡迎的類型。調查員認為丈夫肯定會和情婦碰面，所以只要丈夫外出，自己絕對會一路跟監。

## 令委託人無法接受的真相

調查了兩個月，丈夫身邊完全沒有半個女性身影，而夏美之前所提出的質疑，「每次都外出好幾個小時」，也只是在附近散步而已。和女性接觸，僅止於散步期間和附近居民打招呼的程度，也就是說，調查出的事實和夏美所期望、想像的，完全相反。

我一邊承受夏美的目光，一邊告訴她，現階段的調查結果證明，她的先生是完全清白的。

想必夏美應該是相當不甘心吧，她突然對著我一頓臭罵：「你們這樣也算是專業調查員嗎？休想拿那種草率的徵信結果來蒙混，我完全無法接受！因為我非常清楚，我老公就是有女人！如果不是這樣，那我忍氣吞聲的這四十年到底算什麼！」

這個出乎預料的結果，讓夏美陷入混亂。

沒有得到如願的結果，所以只能把滿腹的不甘和悔恨，全部發洩在我們身上，我非常了解那種痛苦。我覺得相當對不起夏美，也沒辦法做出任何反駁。如果就這樣結案，可能連我們自己也無法接受。

於是，我提出建議：「是不是可以請妳再觀察妳先生一段時間，當他可能出現外遇情況時，我們再重新開始，如何？」這個提議對夏美來說無疑是個保障，而我也從那個時候就做好再次受託的準備。

果然，數個月後，夏美再次委託我們。

「我要去參加同學會，預計外宿一晚，我先生肯定會在那個時候和情婦見面。拜託你們去跟監他。」

夏美這次指出外遇可能性很高的日期。在這之前，丈夫說要打高爾夫，夏美就會通知我們，希望我們追蹤丈夫一整天的外出動向，要求我們緊急前往現場。除此之外，也會鎖定特定地點，請我們埋伏，等候丈夫和情婦碰面，可是，每次都一無所獲，這次也不例外。三番兩次的緊急委託，讓我的員工疲於奔命，但我們無法開口拒絕。

距離我們最一開始接受夏美的委託約經過半年，這次夏美預計和朋友一起出國一週，她認為丈夫肯定會在這段期間搞婚外情，於是便委託我們前去。我們知道，這次很可能也徒勞無功，但是，「履行與客戶的承諾」，是我們公司的座右銘。

妻子不在的期間，調查員以二十四小時輪班的方式，緊盯對象。開始埋伏後第三天，丈夫走出家門，他打扮得異常時髦。調查員們馬上緊跟在後，結果，丈夫果真約了一名妙齡婦人在銀座的咖啡廳碰面。

## 終於抓到外遇對象，妻子卻超開心

終於逮到這個瞬間了嗎？兩人在銀座的餐廳用完餐後，丈夫居然把那名婦人帶回家裡，婦人直到隔天早上才離開。這一切全用相機捕捉到了。

這種結果讓已經澈底相信丈夫清白的我，感到驚訝萬分，更對沒能看透真相的自己感到十分羞愧。

幾天之後，夏美接到我的通知，喜孜孜的前來徵信社。終於抓到出軌證據，似乎讓她十分開心。總之，我馬上向她說明狀況，同時給她看蒐集到的影像。

看到大螢幕上，打扮時髦的丈夫，夏美憤怒的吼叫：「實在太可惡了！」當她看到丈夫與那名女姓親密談話的樣子、進入家裡的鮮明影像後，夏美的表情旋即變得失望又沮喪。

難道是丈夫外遇成為事實，讓夏美的心靈遭受打擊了？我擔憂的想著。

看完所有證據影像後，夏美開口了：「那是我女兒。她有說過，我不在家的時候，如果有空的話，她就會回來看看她爸的情況。」

聽到這番話，我和員工全都震驚得啞口無言。片刻，諮詢室安靜了下來，夏美似乎也不知道該說什麼才好。

「真是辛苦大家了。我的任性好像又害大家白忙一場。謝謝岡田小姐。真是對不起……。」

原本我還害怕，她會不會依然不死心？又或者會抱怨、不滿，結果，夏美先前憤慨的表情，頓時變得十分平靜且溫柔。她說：「先姑且不論年輕的時候，現在的他也已經一把年紀，顯然已經收心、玩膩了。這次能夠釐清這一點，就足以令我安慰了。」

先前那個充滿憤怒、怨恨的夏美消失了，就像是趕走附身的邪靈似的，終於可以打從心底接納事實。凝視著夏美離開公司的背影，我一邊在心中祈求著，希望他們夫妻倆今後能夠更加恩愛，共度漫長餘生。

## 5 離婚七次的蛇蠍女，天天在找獵物

委託人節子是個神似搞笑女藝人、年約四十歲，身材有點豐腴的人妻。和丈夫結婚十年有餘，擁有可愛的孩子，以及宛如童話故事般幸福的家庭，而她自己也非常努力、安分的做一位賢妻良母。原以為自己的人生再也沒有其他奢求，沒想到丈夫卻出現外遇疑雲。

節子在丈夫洗澡期間，隨手看了一下丈夫的手機，沒想到卻在 LINE 裡面看到女性傳來的曖昧訊息。

「『在飯店用餐，之後又在房間裡激情纏綿，真的讓我非常滿足……。』看到這樣的訊息，我簡直不敢相信，那天晚上我藉口說身體不舒服，早早就上床睡了。我每天精打細算，連一塊錢都捨不得浪費，他從沒有帶我去吃過什麼豪華大餐。沒

想到他居然……我過去辛苦建立的幸福，一夜之間全瓦解了。」節子低下頭。

和溫柔的丈夫結婚，每天在家相夫教子，似乎是委託人所渴望的完美家庭藍圖。節子一直非常猶豫，不知道該不該委託徵信社調查外遇，他覺得調查先生外遇，並不是一個好妻子應該做的。可是，如果就這麼放任不管，搞不好會讓家庭陷入更嚴重的危機。

節子用手機拍下了丈夫的 LINE 訊息，所以我也有看到那些內容。那是赤裸裸、毫無半點避諱的內容，就連我看了都有點不好意思。看過那些內容後，直覺告訴我，「這個女人十分危險」。如果丈夫只是一時玩玩，或許不用看得太嚴重，但如果對方不懷好意，就必須儘早處置才行。這是我在成立徵信社、承接過無數案件之後，親身體認到的經驗。

「就算只有幾天也沒關係，先試著調查看看吧！」節子也十分贊同這個提案，我們便馬上行動。不出我所料，出乎意料的驚人發展正在眼前等待著我們。

我們很快就掌握到丈夫和外遇對象接觸的證據。對方的年齡跟節子差不多，也是四十幾歲，有著一頭長髮，身穿迷你裙，渾身散發著性感魅力。外遇對象和丈夫在一起的時候，肢體接觸特別頻繁。我們拍下了影像，從那個情婦的外表來看，我和員工們也一致認為對方是個非常危險的人物。

## 有些情婦比你想得更恐怖

那個外遇對象究竟是何方神聖？為了了解對方的身分，我們進行了訪查。結果發現，對方居然結婚、離婚七次，她甚至還和非結婚對象的男性有過孩子。從這些經驗可以判斷，這個情婦非比尋常。在訪查過程中，我們找到了她的其中一任前夫，詳細詢問後得知，他的人生也被那個女人搞得一團糟。

他們是透過相親網站認識的。第一次兜風約會的時候，女方突然在車上主動投懷送抱。而在發生肉體關係、享受過如同升天般的快感之後，他便依對方的要求和她結婚。他心想，對方床技那麼厲害，如果每天都能這麼快活，和她結婚似乎也挺不錯的。

可是，結了婚之後，那個女人卻突然像變了一個人。不僅要求同住的婆婆搬到倉庫去住，同時也把家裡的經濟大權緊緊握在自己手上。看著日漸憔悴的母親，前夫終於忍不住提出離婚，結果，那個女人更加歇斯底里的胡鬧。每天被瘋狂且恣意妄為的女人玩弄，前夫的精神已經被逼到了極限。

之後，他抱著忐忑不安的心情，再次提出離婚要求，才知道那個女人早就在等他提離婚，而她的離婚條件是男方需要支付五千萬日圓的贍養費。於是，前夫賣掉了祖先留下來的土地，依照對方的要求支付五千萬日圓的現金，才得以順利離婚。

「她是個無法用常理去看待的荒謬女人。那個女人的目的就只有金錢。光是跟她沾上邊，我的人生就被搞得一塌糊塗。」

我的直覺沒錯，那個女人真的是個非常危險的人物。

經過數天的跟監，我們取得了許多證據，足以揭發那個女人的惡行惡狀。而且，這和一般外遇不同，對方可是個相當難纏的人物。在報告調查結果時，我向節子提議，應該邀請她的先生一起過來，讓他看清楚真相。

節子也十分贊同，便鼓起勇氣告訴丈夫，「有個人希望跟你談談」，然後就帶著他一起過來了。節子並沒有告訴他，我們要談的內容是什麼，節子好像是用小孩的升學問題來當作藉口。

如果她的丈夫能夠在得知真相後因此清醒，自然是再好不過，但是，如果他已經澈底陷入那個女人的桃花陷阱，應該什麼都聽不進去吧？必須讓他澈底看清，對方是個老奸巨猾的壞女人。

來到公司的丈夫，看到徵信社的招牌後，雖然露出詫異表情，但還是走進來了。帶他到諮詢室後，我馬上就開門見山，說出一切實情。節子似乎也早已滿腔怒火，期間也針對我的說明加以補充。我和調查員們也提出前夫的證詞，同時也提出客觀證據加以佐證。

可是，丈夫的反應十分執拗。

「她不是那種女人！肯定是哪裡搞錯了！」丈夫開口幫外遇對象辯護。雖然他堅持不相信前夫的證詞，但他確實不知道對方曾經結婚、離婚七次，在看到那些證據時，他的手不斷發抖。

「我沒辦法馬上接受這一切。我要親口問她，然後，我會和我的妻子討論。就算她打算離婚，我也會承擔責任。」其實她的丈夫是個十分理性的人。一邊是客觀證據所揭露出的不堪真相，另一邊則是難以割捨的情感，左右兩難的內心糾結，清楚浮現在他的臉上。

丈夫的態度讓節子感到不安，但與此同時，她也已經做好奮戰到最後一刻的心理準備。

丈夫表示要和那個女人直接面對面把話講開，因此，我們請他在身上安裝一個隱藏式麥克風，丈夫爽快答應了。事件終於進入尾聲。

當天，丈夫聯繫了那個女人，約在彼此都很熟悉的家庭餐廳碰面。調查員們分散在附近，靜靜觀察他們的情況。妻子節子則和我一起在車子裡面，一邊聽著隱藏式麥克風的聲音，靜靜等候。

那個女人在約定時間出現在餐廳裡，一副久別重逢、十分想念的熱情模樣，她不是選擇坐在丈夫對面，而是一屁股挨坐在丈夫身旁，在他耳邊輕柔低語：「人家好想要，連一分鐘都忍不了了。」、「今晚不讓你回家了。」、「就跟往常一樣，可以任憑你處置喔，今晚也一樣……。」

不勘入耳的話一句接著一句。我和節子在車上聽到那個女人的話，完全嚇傻了，只能不斷嘆氣。話說回來，這種讓男人渾身酥麻的技巧，到底是從哪學來的？或者，這本來就是那個女人的天性？

儘管那個女人抛出了許多淫穢話語，丈夫仍不為所動，劈頭就問：「聽說妳結婚、離婚多達七次，真的假的？」

突如其來的問題，似乎把她嚇了一跳，不過，不知道是不是因為察覺到丈夫的神情怪異，她突然拉起丈夫的手，一把將他拖出店外。緊盯著兩個人的調查員馬上隨後追趕，之後在一間裡面都沒人的派出所找到兩人。

在昏暗的日光燈下，女人不慌不忙的脫掉身上的洋裝，全身赤裸，向丈夫求歡。沒有人能夠理解，她做出這種行為的意圖何在。

如果警察在這個時候出現，若只是稍加詢問，倒也沒什麼，但是，也有可能因此遭到控告。她這樣的驚人舉動，嚇壞了丈夫，他一把甩開糾纏不休的裸體女人，默默的離開派出所。緊追在身後的女人苦苦哀求，丈夫卻頭也不回的快步消失在黑夜之中。

那天晚上，節子和丈夫坐下來促膝長談。

丈夫似乎已經了解那個女人的本性，主動交代出在派出所發生的事情。

## 選擇相信丈夫，重新抓住幸福

「她在派出所裡面光著身體緊緊抱著我。她企圖讓警察親眼目擊，然後再控告我強姦她。雖然之前她有很多行為，都讓我覺得很奇怪，可是，我還是敵不過生理的慾望，逐漸迷失自我。可是，我現在都已經知道了。跟這個女人在一起，搞不好連命都會沒了。」後來，我們才終於得知，丈夫投保了高額壽險，受益人正是那個女人。

在調查時，有時會看到女人用可怕、陰毒的伎倆勾引男人，向男人索求金錢。我都不禁覺得委託人和她的丈夫實在可憐，也讓我深刻體認到，要在陷入萬丈深淵、釀成嚴重傷害前，及早發現，這次就是個最佳例子。一個突然襲擊幸福家庭的邪惡女人，該說是她運氣不好？還是被誘拐上勾的丈夫惹的禍？

這次的案件，他們並沒有透過律師向情婦請求任何破壞家庭的損害賠償，反而要求對方簽訂保證今後不再見面的協議契約。在一切塵埃落定後，丈夫由衷的向節子道歉，並懇請諒解。「一切都是我不好，請原諒我。我會改過自新，讓妳和孩子更幸福，以彌補我過去背叛家庭的過錯。」丈夫低著頭說。

節子即使被丈夫背叛，也不離婚，而是選擇繼續相信丈夫，這個選擇讓她抓住了幸福。有了這次的經驗，相信丈夫這輩子應該都不敢再造次了吧！或許這也算是一種另類的賢妻戰略。

# 6 比背叛更傷人的，是自己比情婦廉價

委託人雅子是居住在市中心的富太太，現年四十歲。留著一頭長髮，身材苗條，戴著大墨鏡走進徵信社的姿態，就像是模特兒或藝人。聽她一說，才知道她是個專職家庭主婦。十九歲就和丈夫相親結婚，所以完全沒有半點社會經驗。說話方式十分溫和，娘家也相當富裕，從小就是個衣食不缺的千金小姐。

「我從幼稚園到短期大學，一直都是就讀直升的女子學校。雙親管教十分嚴格，所以我一直是個典型的資優生。我的丈夫就是我第一個交往的男性。」委託人開始娓娓道來。第一次相親，丈夫就對她的美貌一見鍾情，雙親也拍胸脯保證對方是個好孩子，這與其說是愛情，不如說他們的結合是基於家庭因素。

雅子這種不食人間煙火的千金小姐，居然會來徵信社這種地方，應該需要相當

大的勇氣吧？她一邊謹小慎微的選擇遣詞用字，結結巴巴的談論起丈夫外遇。

「我把兩個小孩教育得很出色，也非常尊重公婆，一直對這個家庭盡心盡力。可是、可是……。

「這一年來，我先生突然每天都很晚回家，週六、週日也常跑出去打高爾夫。甚至讓我不禁猜想他是不是外遇了？就算我一直告訴自己，不可能，他不可能外遇，心中的懷疑卻還是不斷擴大……。」

就算找朋友商量，還是討論不出答案。不知道是不是因為都是就讀女校的關係，大家根本不懂得懷疑人。甚至還有人說，妻子應該走在丈夫身後，距離三步之遙，不可以強出頭、不擁有自己的主見，那才是賢妻良母。儘管社會上有許多強勢的職場女性，但在被稱為上流階級的世界裡，保守的觀念依舊根深柢固。

雅子說，「感覺身邊的人根本無法溝通」，所以才會尋求徵信社幫助。儘管心存懷疑，她卻從來沒有直接找丈夫質問過。她覺得就算當面提出，丈夫還是把她當成一無所知的千金小姐，說一些不著邊際的話來哄騙她。

儘管只是間中小企業，但丈夫終歸是三代相傳的老牌製造商社長，工作十分忙碌，但是，雅子覺得工作忙碌只不過是丈夫的障眼法。該說是家庭主婦的悲哀？還是缺乏社會經驗？雅子完全掌握不到丈夫的外遇對象是個什麼樣的女性。這次的案件，應該是她人生中第一次遭逢的重大問題吧！沒有解決方案、沒有相關知識，更沒有經驗。

我希望藉這個機會讓她有自己的想法、勇於表達自我。我也指示我的員工抱持著這樣的態度調查，擬定縝密的計畫，付諸實行。

## 給小三的零用錢比老婆多十倍

我們很快就掌握到證據了。

正如雅子所說，丈夫會晚歸，的確是因為情婦。情婦分別是丈夫常去的兩間菲律賓酒吧的老闆娘，雅子的丈夫正在和兩個菲律賓女人交往。

前半個星期，丈夫會去A菲律賓酒吧，和名為莎賓娜（Sabrina）的老闆娘喝酒，一起離開酒吧後，會到賓館共度到深夜，而後半個星期則是去B菲律賓酒吧，和名為瑪莉亞（Maria）的老闆娘共飲，離開酒吧後，也是去賓館共度春宵。

丈夫毫不顧忌外人目光，沉浸在情婦們的濃情蜜意裡，他應該作夢都沒想到，他的一舉一動正被徵信社的調查員們監視著吧！丈夫和情婦進出賓館的關鍵畫面，全被攝影機錄了下來。

為了有更進一步的了解，調查員們還刻意挑選丈夫不會來的日子，前往A菲律賓酒吧，找情婦莎賓娜攀談。莎賓娜拿到小費，心情大好，很快全盤托出。沒想到，丈夫居然每個月給情婦五十萬日圓的現金當零用錢，假日還會帶情婦到銀座的高級珠寶店，並在情婦的央求下，購買高額的鑽石戒指送給情婦。

「那個人真的很有錢。他會給我很多錢，所以我很喜歡他。」

為了蒐集證據，調查員跟監情婦和丈夫的約會情況。結果證實，情婦果然利用前往高級精品店、老字號百貨公司的機會，要求丈夫購買各式商品。一和丈夫分開後，情婦就馬上把那些精品、珠寶拿去御徒町的收購中心變賣。這些情婦真是厲害的角色。

這次的調查結果，取得了丈夫的外遇證據和情婦的證詞，蒐集到的資料非常完整。當雅子聽到丈夫每個月給情婦五十萬日圓的零用錢時，她臉色瞬間大變，「我先生給我的生活費，一個月頂多只有五萬日圓！外面的女人居然拿十倍之多，這是怎麼回事！」這是我第一次看到雅子這個平時溫柔賢淑的千金小姐，露出如此憤怒的表情。或許對雅子來說，比起兩個情婦，她更不能容許的是家庭生活費和零用錢之間的懸殊差距吧！

## 離了丈夫，悠哉度日

雅子雙親在得知真相後，全面支持雅子離婚，並聘請了精明的律師，申請離婚調解，丈夫也別無選擇，問題在於贍養費和財產分配。討論的結果是，在婚姻生活期間所累積的財產約有兩億日圓，除了二分之一的合法財產分配之外，還要另外支付贍養費。財產主要都是國債券、股票和不動產，不過，當下是以現金方式支付。

雅子甚至也對兩名情婦提出了損害賠償請求，但是，她們十分頑強的抵抗，很快就溜回菲律賓了。再則，丈夫的種種醜態，也被家族經營的公司幹部得知，激怒了前任社長，也就是丈夫的父親，進而被趕出公司。丈夫不僅失去了一大半財產，同時也澈底失去了公司地位。

從小嬌生慣養，完全沒有社會經驗的雅子，為什麼會在得知丈夫外遇後，突然展現出如此強硬的態度？我是這麼猜想的，一直以來，她都是個衣食不缺的社長夫人，總是時刻被呵護在手心上。可是，一旦揭開外面那層薄紗，才知道一切都是虛幻無實的假象。丈夫毫不留情的背叛妻子，還在情婦身上揮霍無度，這種事對女人來說，是絕對無法容許的！儘管金錢不足以衡量一個人的價值，但對雅子來說，自己比情婦廉價，就是她的最大逆鱗。

雅子現在和她的雙親住在一起，每天和孩子們過著優遊自在的日子。

# 7 運用心理戰奪贍養費！連調查員都驚呆

委託人裕子結婚前任職於航空公司，是國際線的空中小姐。初次見面時，就覺得她談吐優雅、思路清晰、講話非常有邏輯、腦筋反應靈活、工作能力又很強。

「麻煩以這個價格來蒐證。就算找不到證據，中途停止也沒關係。因為我覺得這件事不需要再花費更多金錢。」她就是如此理性思考的人，不僅明確表明自己願意支付的金額，同時也清楚傳達了自己的想法。

「儘管我是個外行人，但我調查之後發現，我老公他半年前就已經有小三了。對方差不多三十歲左右，因為他車上有一片三十歲女性喜歡聽的ＣＤ。那並不是我老公平常喜歡的音樂，所以我瞬間就有了警覺。如果我猜得沒錯的話，雖然有點不甘心，但我想對方的年齡應該和我差不多。」

她用自己的方式調查情婦，也做出有憑有據的預測，還不帶半點情緒，始終冷靜分析，連調查員也十分佩服。這次的委託人十分沉著、冷靜，絲毫感受不到半點慌張失措。

「這個委託人真不簡單。」調查之後，我更加確信這一點。

## 沒有關鍵證據，卻有把握談離婚

由於委託人有提供可能取得證據的日期和時間，所以我們可以更快速的安排調查。調查當天，委託人還會傳簡訊：「大約十分鐘後出門。穿黑色 POLO 衫、卡其色短褲和黑色 CROCS 鞋。」讓我們更容易鎖定她老公。

兩名徵信人員尾隨在後，搭上丈夫所搭乘的電車。一個在同一節車廂，另一個調查員則在隔壁車廂緊盯，避免遺漏任何一絲細節。丈夫在中途轉車，之後在郊外下車。目的地是從車站走過去須花費約七到八分鐘左右的一間公寓。

丈夫搭電梯到五樓。情婦應該就住在這一個樓層。數小時後，丈夫從五樓的五

○三號室走了出來。「再見，我下星期再來。」丈夫站在玄關前，朝室內喊。「再見。」果然聽到了疑似情婦的女性聲音。從對方沉穩的聲音推斷，果真如裕子所想，調查員也推測對方應該是名三十歲左右的女性。不管怎麼說，已經確定這裡是情婦的住處了，可是，只有丈夫一個人進出這個地方，情婦並沒有走出來。如果要拍到老公和情婦在一起的關鍵照片，就必須再進一步追蹤。

數天後，報告調查結果時，裕子始終淡定的聽著。

「這次查到了情婦的住處，如果要拍到關鍵照片，就必須進一步調查。」

聽完後，她馬上回答：「是嗎？這次多謝你們的幫忙。有這個有利條件，我就可以和他離婚了。」如剛開始委託所說，裕子並沒有打算延長調查。一般來說，如果沒有拍到外遇證據的照片就和丈夫談離婚，反而對自己不利。雖然充分向她說明我的擔憂，但是，她依然拒絕我的提議。

「沒關係。我自己有想法。」

如此自信滿滿的她，難不成有什麼應變之策嗎？基於好奇心，我每隔一段時間就會與她聯絡。

## 巧妙話術，奪得贍養費五千萬日圓

在我後續追蹤、與裕子聯絡之後，我收到了這樣的電子郵件。

「感謝妳在調查之後，還提供我這麼多寶貴意見。我已經順利協議離婚了。」

信中還提到，她拿到了超出預料的贍養費和財產分配。

「因為我在丈夫面前表現得罪證確鑿，讓他以為我已經拍到了外遇證據，並且在拿出離婚協議書的時候，刻意不寫上贍養費的金額。我脅迫他，我會根據他填寫的金額，決定要不要把我手上的外遇證據全部揭發出來。」

原來她是用這種方式來試探她的丈夫，就像是撲克牌賭桌上的梭哈一樣。困惑的丈夫完全不知道這一切都是妻子精心策畫的計謀，剛開始他在空白欄位寫下了「兩千萬日圓」。可是，丈夫是上市公司的執行董事，年收入高達三千萬日圓，手上還持有大量有價證券，知道這一切的裕子，當然不可能接受這樣的金額。

「如果你希望我把這些關鍵性的證據，拿給我們婚禮上的媒人，也就是你公司的社長看的話，我是無所謂啦！該怎麼跟他說才好呢……。」裕子非常了解丈夫在公司內部的人際關係和升遷願望，這正是裕子的目標。

事實上，裕子並沒有什麼了不起的證據，她卻運用說話技巧，讓丈夫以為她手中握有重大祕密。裕子運用她的話術，慢慢的把金額往上加，最後讓丈夫寫下了「五千萬日圓」。

之後，丈夫陷入財務危機，在外面搞小三而導致離婚的傳聞不脛而走，雖然不知道真正的原因是什麼，但畢竟大型上市公司一向對醜聞十分敏感，丈夫最後被調派到子公司任職。

這個案件讓我學到，就算證據薄弱，還是能夠藉由不同運用方式，得到更有效的效果。可是，這個終究是特殊案例。對一般人來說，建議還是確實取得百口莫辯的外遇證據會比較妥當。

# 8 人妻到風俗店兼職，背後原因是？

就算夫妻都以為非常了解彼此，仍可能藏匿著出乎意料的祕密。如果只因同住一個屋簷，而相信對方不會有祕密，那可是非常危險的。

這次的委託人是丈夫信彥，五十多歲，看起來一臉嚴肅、帶著黑框眼鏡，是個上班族。他坐在我們面前，若有所思的開始說：「其實，我妻子最近開始從事一份不體面的兼職工作。」以現今的社會風氣來說，人妻兼職賣淫並不少見，但通常都是因為背負龐大的經濟壓力、迫於無奈，例如丈夫生病，或是積欠賭債等。可是，這次的家庭並沒有那樣的問題。

信彥和妻子有一個兒子，十八歲的兒子很乖巧，一家三口十分和樂、幸福，直到他某次偶然翻開了妻子的筆記本……。

某天晚上，妻子在廚房準備晚餐的時候，信彥在客廳茶几上注意到一本印有花紋的筆記本，他隨手翻開，看見行程表上寫著時間和「晝顏女性」這四個字。

「『晝顏女性』？晝顏……晝顏……啊！」信彥腦海中浮現某間店的招牌。這個名稱和他經常跑業務的某鬧區的商業大樓裡的風俗店（日本提供色情服務的營業場所）相同。「我心想應該不會吧？我老婆應該不會做那種事，可是，一旦開始心生懷疑，想法就會慢慢變得負面。我想知道事實真相，麻煩你們調查。」

信彥憶起看到妻子筆記本那天，露出痛苦的神情。據說妻子現在五十歲。這麼說或許有些失禮，但我實在有點懷疑，風俗店還會聘僱這種年齡的人嗎？

我馬上召集人手，著手進行準備工作，當時，我試著提出我的質疑，結果其中一名員工一語驚醒夢中人。「其實熟女反而特別受歡迎。和年輕女人不同，她們大多不是為了錢，而是因為興趣才投入特種行業，提供服務的態度也不同，所以……哎呀，這是我聽喜歡熟女的朋友說的啦！不是我本人喔！」

原來如此，原來並不是只要年輕就一定好，我對此有了全新的認知。

二十四小時追查妻子的行蹤後，果然如信彥所想，妻子會利用白天的時間去鬧區的風俗店兼差，每星期大約三天左右。

調查後發現，妻子的行程是這樣的：早上七點多和家人一起吃完早餐，丈夫和兒子出門後，妻子會開始打掃、洗衣、整理家務，然後在上午十點慌慌張張的出門。妻子的裝扮稱不上華麗，怎麼看都是個普通的家庭主婦。妻子刻意戴著大墨鏡和口罩遮掩素顏，似乎也是為了避免被熟人認出。

抵達鬧區的風俗店後，妻子直到傍晚五點都沒有從店內出來。期間有許多男性進出那間店。上班時間結束後，妻子就若無其事的下班了。

大約傍晚六點左右，妻子繞道到車站附近的超市，非常熟練的買完東西後回家。晚間七點，丈夫和兒子回家的時候，晚餐已經準備好，晾在陽臺上的衣服也全收進屋了。她肯定每天都是這樣度過的吧！

那間風俗店的網站上有女性員工們的照片，儘管眼睛的部分被遮了起來，但仔細觀察，確實有一張照片很像信彥的妻子。照片上全都是五十歲的熟女，聽說也算是日本國內十分知名的熟女風俗店。

於是，不經意透露出喜歡熟女的調查員便前往調查。礙於尺度問題，這裡不方便寫出具體內容，不過，基本上是嚴禁實質的性服務。但是，如果雙方情投意合的話，就不在此限制。之後，調查員向信彥說明了那間風俗店的服務內容。

「果然是真的……。」從心底深處擠出這句話的信彥，幾乎都快哭出來。

兒子從今年春天開始上大學，也因成績優秀，有獎學金可拿，似乎找不到任何妻子基於經濟因素而需要兼職的理由。

妻子在短大畢業後，從事一般事務員，二十六歲時，和丈夫信彥認識結婚。那個時候，妻子還是個處女，是在認識信彥之後，才成為真正的女人。我猜想，或許是因為妻子的性經驗只有信彥一個人，無法抑制住對性的好奇心，所以才會到風俗店兼差吧？我甚至大膽的推想，應該還有其他更大的原因。

「有沒有可能是因為你們夫妻之間都沒有性生活，讓妻子在性方面沒有得到滿足？」果然猜中了！自從兒子出生後，他們夫妻間已經很久沒有性生活，甚至連肢體接觸都沒有。

為什麼會變成這樣？丈夫是這麼回答的：「因為我對妻子產生不了慾望。」這應該就是妻子去風俗店兼職的原因。

近年來，**無性生活也是妻子外遇遽增的原因之一**。出乎意料的，男性並不了解，女性其實也有性需求，而女性一旦克制不了慾望，就會和不特定且多數的男性發生關係，情況比男性更嚴重，會澈底瓦解夫妻關係。

這次的案例或許嚴重傷害了丈夫的心。之後該如何決斷，全在信彥的一念之間，希望他可以找到一條讓彼此都能夠重新開始的道路。

## 不想當賢妻良母，她選擇做自己

在後續諮詢的環節中，本公司的工作人員接到通知，他們最終還是離婚了。細問後得知，丈夫以風俗店兼職的事實控告妻子，雖然如此，丈夫還是希望可以重新開始，妻子卻像是得到解脫似的，反而提出離婚請求。

「我很清楚，我既不是個好妻子，更不是那種渴望家庭幸福的女人。今後我不想再繼續壓抑自己，我希望做真正的自己……。」結婚之後，苦心經營平凡的家庭，扮演旁人眼中看似幸福、平凡的賢妻良母，似乎讓妻子相當疲累。

風俗店兼職，只不過是個導火線，這讓妻子開始重新思考，自己應該順應自己，度過僅此一次的人生。事到如今就更加挽留不住了，夫妻價值觀的差異，讓他們的婚姻難以繼續下去。幸好，獨生子已是大學生、是個明白事理的大人，比較令人遺憾的是丈夫信彥，不過，這可能也是命運吧！希望他也能傾聽一下自己內心的聲音，走出不後悔的人生。

這些就是我親眼見證過的幾個外遇夫妻的真實故事，大家看完後覺得怎麼樣？對讀者來說，出軌看起來似乎都和自己無關，但對故事中的人物來說，卻是需要徵信社協助的人生大事，其重要程度，任何人都無法想像。

外遇終有被揭發的一天，希望大家能夠試想一下，如果哪天自己遇上了，應該如何面對、如何解決，同時以這些案件為借鏡，遠離外遇的誘惑。

**人世間有多少夫妻，就有多少愛的形式**。在調查外遇時，該如何選擇未來的人生，全取決於當事人。

外遇會讓自己失去社會地位、名譽、財產，甚至是家人，同時也會遭到家人、親屬的唾罵。為了避免陷入這種下場，我將揪出潛藏在外遇陰影底下的夫妻問題，提供建議，使夫妻婚姻可以重新來過。

老實說，這些方法可能有效，也可能失靈。但無論如何，我們徵信社還是會竭盡所能，努力追查現代男女關係，以及時下正在發生的出軌情況。

# 第二章

# 徵信社的第一手外遇真相大調查

# 1 徵信業務，七成都在查外遇

二〇〇七年，日本政府針對徵信業者制定必要法規，以謀求徵信業務營運的正當性，並且以保護個人權益為目的，而實施了《徵信業法》。這使徵信業務得以實現合法化、透明化，同時也大幅提高了業界形象，因而增加許多其他業種，或是獨立開業的調查員，可以說是徵信業界中的重大改革。

當時全國徵信業者的數量，包含個人經營的事務所在內，共計約有三千八百八十七間（此為警察廳調查之數據）（按：根據經濟部商業司數據顯示，全臺核准的徵信公司約有一百零六間）。而在二〇一六年後，其數字已攀升至五千七百三十八間，大約增加了兩千間之多。

儘管業界內仍有良莠汰換，不過，這些數字都足以證明，徵信業法帶動了徵信

徵信業者的演變

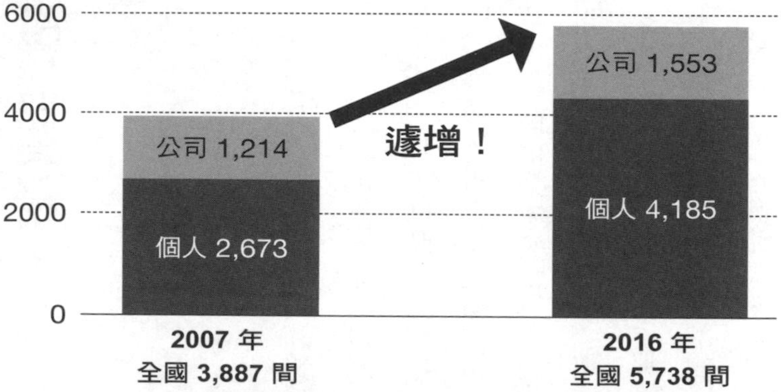


取自日本警察廳的徵信業概況。

業務，讓其更為普及，同時也降低了委託門檻，使委託案件有逐漸增加的趨勢。

分析委託案件的內容後發現，調查外遇、出軌的比例，占了整體的七〇%以上（請見第七十九頁）。因為多數委託人會找上徵信社，多半都希望取得另一半對婚姻不忠的證據，為關鍵時刻（離婚）預先做好準備。

即便是夫妻，也未必能夠靠自己調查丈夫或妻子的行蹤，因此才需要請求專業協助。實際案例已經在第一章分享過了，夫妻之間的情感糾葛、嫉妒、強烈的不信任感，會在內心裡

## 委託內容

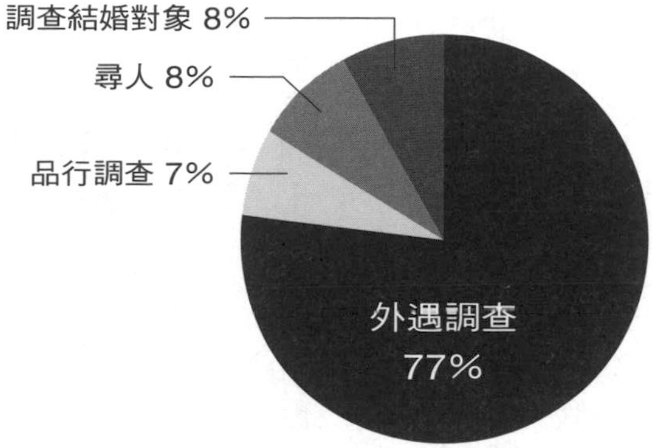


## 委託動機

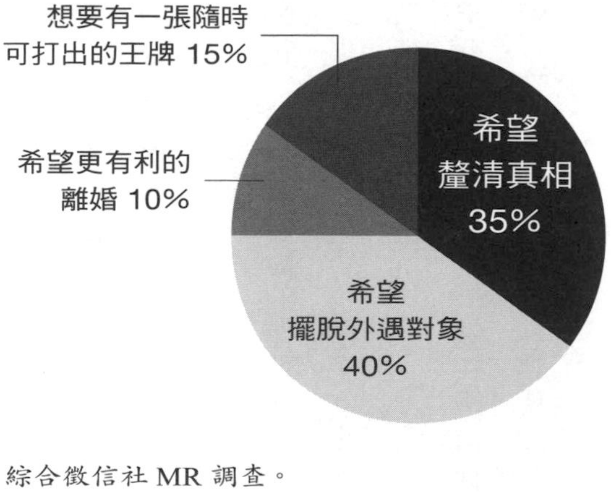


綜合徵信社 MR 調查。

萌生懷疑、猜忌，這時，就會強烈希望釐清事情真相、分出個是非黑白。

二〇〇三年，我的公司成立時，出軌調查的委託人，以女性居多，男性的委託案件連一成都不到。

現在，來自男性的委託案件，也隨著職場女性增加而變多，**目前大約達到四成左右**。從這些數據便可了解，女性外出工作增加了新的邂逅機會，使**已婚婦女外遇的機會也隨之增多**。

在這十幾年間，夫妻的社會環境產生了急遽的變化，而夫妻之間的價值觀也隨之改變。以前大家常說，「外遇是展現男人價值的表現」，但在現今這個男女平等的時代裡，即便男人想藉由外遇來展現價值，仍會有無法如願的情況。

有句話是這麼說的，「歌曲反映世代，世代決定歌曲」，對於長年站在徵信社的立場，看著夫妻或外遇案件的我來說，我也真切感受到，外遇也會隨著時代而改變，且如實反映出世態人情。

出軌調查，可以說是融合了各式人類與複雜情感的大熔爐，因此，調查員們必須具備十分堅強的意志。面對絕望泣訴的妻子時，承辦人員往往都會不自覺產生同情，而過度努力，這一點正是調查時必須注意的重點。

在後續章節當中，將會以我們的調查工作為重心，分享一點都不好笑的失敗經驗、令人感動的邂逅，以及說來話長的調查員們的故事。

# 2 七九%的案件，我只要三天就能掌握證據

調查外遇，經常迫使我的員工陷入嚴酷情況。各種蠻橫無理的現實接踵而來，宛如一場惡夢。可是，不論面對什麼樣的困境，都絕不能放棄、中斷任務，這便是專業徵信人員的驕傲。即便陷入超乎想像的窘境，我們仍必須有堅強的意志，勇敢戰勝所有困難。

接下來就讓我為大家介紹，日以繼夜，辛勤調查的調查員們的實際經驗！

那是某一次受理丈夫的委託，我們跟監有外遇嫌疑的妻子時，所發生的一段小插曲。

為避免被對方發現，我們**必須與跟監對象保持一定距離**，一邊假裝滑手機，或是佯裝散步似的緊緊跟隨，這**是最基本的原則**。有時，跟監對象會突然回頭，調查

員也必須裝作若無其事，泰然處之。可是，那天跟監的對象，也就是委託人的妻子，是個完全無法用正常邏輯去判斷的女性。

原本沒有半點異常、筆直往前走的妻子，不知道為什麼，突然轉過身，開始倒著走，妻子就這麼和我的員工面對面，四目交接。

這到底是怎麼回事？儘管調查員完全摸不著頭緒，但基於專業意識，他只能不動聲色的從妻子身邊走過、快步離開，暫時中斷跟監，在遠處偷偷觀察。結果，倒著走約五十公尺後，妻子又再次轉身，以正常的方式向前走，然後再倒著走，就這樣不斷反覆。妻子並不是因為戒備才會轉身。

調查員覺得很不可思議，之後才知道，原來妻子是個健康狂熱者，她似乎迷上了「倒著走健康法」。可是，這樣很難跟監，於是便找丈夫商量。

「她是那種三分鐘熱度的類型。只要三天她就膩了，之後又會再嘗試不同事物，所以就再觀察兩、三天看看吧！」

三天後再次跟監委託人的妻子，她果真不再倒著走了。只是，這次她好像學了正常的運動方式，她穿著運動衫現身，突然開始狂奔。平常沉穩冷靜的徵信探員也因此突然慌張起來，開始在她的身後奔跑。

不愧是健康狂熱者，正因為過去實踐了各式各樣的健康養生法，所以她的體力十分驚人，跑步速度不輸給運動員，也完全不知道她何時會停下來。為避免跟丟，探員也只能用盡全力奔跑，儼然成了一場挑戰體力極限的調查。

最後，調查員和調查對象之間的距離開始逐漸拉遠。「不行了！」探員氣喘吁吁的倒臥在半路。之後，我們測量了起跑點一直到調查員放棄的距離，大約是十公里左右，期間還有上坡路段和急轉彎，對此，同事們都紛紛誇讚他，居然可以跑那麼遠。

至於那個擁有絕佳體力的妻子，她的確是個做什麼事情都三分鐘熱度的人，甩掉外遇對象的速度也十分快速、果斷，因此，調查員一直很難掌握到外遇的證據，不過，最終還是成功查明了真相。

向丈夫報告之後，丈夫說：「妻子就是這種三分鐘熱度的人，所以她這次應該只是享受外遇的激情罷了。或許過段時間，她就會尋求不同的激情，所以之後的事情就等到那個時候再來思考吧！我只是想要確認一下實情罷了。」

丈夫似乎能夠容忍妻子的三分鐘熱度，眼下並沒有考慮要離婚。不過，這次的案件卻讓跑了十公里的調查員有了深刻的認知：體力有時也是從事跟監工作的必備條件，因此，他現在每天都很認真的跑健身房，努力鍛鍊身體。

## 跟到國外也在所不惜

對徵信人員來說，**最容易讓人喪失專注力和鬥志的是**，不知道什麼時候會結束、完全無法預料的長時間跟監調查。其中最可怕的**就是女性逛街**。每當跟著跟監目標一路尾隨到百貨公司，每個調查員都會有不好的預感、渾身發抖。

跟監女性購物往往都是在百貨公司裡面上下移動，女性通常會一下駐足觀看商品，一下又在同一個樓層來回走動，在以為快結束時，又會再次從頭開始逛上一圈。這樣的過程大約會持續兩、三個小時，因為調查員不知道跟監對象會在哪裡和外遇對象碰面，所以必須隨時保持警戒。

如果跟得太緊，就會被店員當成可疑人物。尤其是女性貼身衣物專櫃等場所，對男性探員來說，簡直就是地獄。「先生是要買送給太太的禮物嗎？」有時更會被店員質疑是變態，而出聲詢問。就算如此，調查員仍不能放棄，因此，有時就會讓女性調查員上場。

如果只是單純購物跟監，倒不至於那麼可怕，有時候是完全出乎預料，突然就變成四天三夜的遠程調查，甚至也曾碰過跑到北海道最北端的情況。如果是國內的話，調查員可以自行判斷，是否暫時回公司報備，或是叫計程車繼續跟監，但若情況不允許時，也可能一路尾隨到國外。

某次的調查對象是有外遇嫌疑的丈夫。雖然調查員已經跟監數日，卻完全掌握不到證據。我們也時刻和委託人保持聯絡，努力掌握丈夫的狀況。

某天，妻子突然傳來情報：「我老公明天要臨時出差一個星期。不知道要去哪裡，但總覺得有點可疑……。」我們推測很可能是跟情婦幽會，因而亦步亦趨的跟監調查。

丈夫一大早就提著行李箱出家門，一路直奔羽田機場。截至目前為止，都還在意料之中。

接下來會去哪裡呢？北海道嗎？還是沖繩？為了不論前往何處都可以隨時應付，探員已經事先申辦了各航空公司的網路訂位購票會員，只要一得知目的地，馬上就可以購買機票。

唯一擔心的就是座位，但不管如何，只要知道目的地就可以確保航班，所以只要在機場等候就可以了，就算搭乘其他航班也沒關係，只要能夠順利前往該目的地，總是會有辦法的。

可是，我們的想法太天真了。

調查對象要前往的目的地居然是國外。這下可讓我們慌了。

雖然調查員有隨身攜帶護照，但關鍵是機票，就算知道目的地，也未必能夠馬上買到。後來當然是有買到機票，但是通常要等候補，是否能和調查對象搭乘同一航班，全得看運氣。

開什麼玩笑，好不容易來到這裡，卻沒辦法搭上飛機。

我們確認好丈夫搭乘的航班和目的地後，努力和航空公司交涉，希望可以想辦法搭乘同一航班。因為航空公司通常會將旅客臨時取消劃位或未劃位的情況納入考量，而採取超賣（Overbooking）措施。

果然不出所料，該航班完全沒有空位。可是只要耐心等待，或許有旅客會在航班起飛前取消劃位。

勝負關鍵就在飛機起飛前兩小時。如果這個時間點仍無法確保座位，就只能被迫放棄，找尋其他手段了。

一邊祈禱，耐心等待一段時間後，調查員收到了通知，確定電子機票可以劃位。「果然，只要平時做善事，上帝就會眷顧你。」身為基督徒的他，當下真的抬頭仰望天空，衷心的感謝上帝。

調查對象前往的地方是峇里島，是日本人非常喜歡去的海灘度假勝地。但是，在羽田機場卻完全看不到情婦的身影。

難道是在當地會合？看著優雅走向商務艙的丈夫，位於經濟艙的調查員正在思考接下來的準備工作。抵達峇里島的機場後，不出所料，一名疑似情婦的女性上前迎接。他們的計畫是情婦先到，然後丈夫再到當地和情婦會合。

調查員馬上抓起小型攝影機拍攝，就連兩人在飯店調情，走進同一間房間也都全收錄。一切的辛勞總算得到回報，回過神才驚覺，自己已經連續調查了整整三天。和總公司聯絡之後，調查員澈底累癱，昏睡了一整天。

以上是本公司調查員的親身經歷，從這個經歷就可以充分了解，調查外遇非常需要耐心和毅力。如果事前對外遇對象的住處、工作或生活習慣等，有些微程度的了解，或許就不會那麼辛苦，但如果無法掌握具體資訊，就真的會相當吃力。

那麼，通常需要多少時間，才能完成一件外遇案件呢？第九十頁的圖表是根據本公司數據所統計出的結果。

調查時間越長，所需的花費就會越高，因此，調查員們就算連日熬夜，還是會努力爭取在短時間內調查出結果。因此，兩、三天就能解決的案子，乍看之下似乎輕鬆、簡單，但對調查員來說，可能是拚了命的艱難時刻，且這些時間還不包含開會、檢討的時間。

調查員們之所以那麼努力的快速調查，都是為了帶給委託人沒有半點負擔、最真實的真相。

## 抓到外遇證據的天數

※指可掌握對象資訊與行動的程度

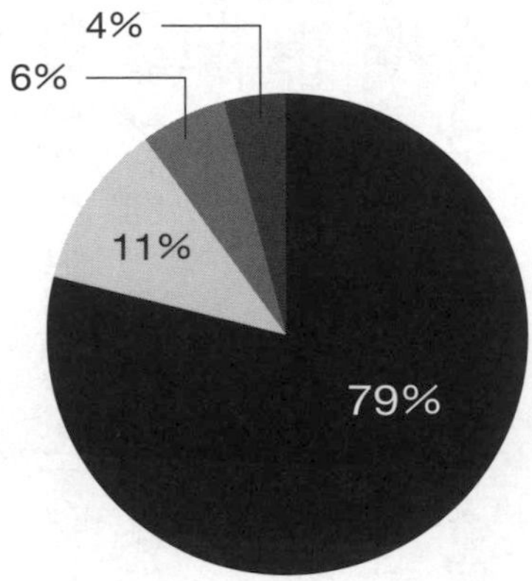


■ 2 天至 3 天：79%（幾乎已經鎖定目標，也有明確日期能夠準確抓到證據）。

■ 一星期內：11%（可能因為目標狀況而碰到難以解決的問題）。

■ 10 天左右：6%（碰到做事十分小心謹慎的對象）。

■ 一個月以上：4%（若是警戒心較高的對象，至少要花一個月的時間）。

綜合徵信社 MR 調查。

# 3 偷情五大現場，「宅倫」排第二

就像前面所提到的，外遇調查就像是男女情感的熔爐。這種複雜情感是非常難纏、麻煩的，這也是經常讓調查員們備感困擾的主因。即便調查再怎麼順利，中途仍可能發生預料之外的事情。

從專業的角度來看，我們過去承辦過許多案件，累積了許多豐富的專業知識，因此，不論發生什麼突發事件，都能夠準確且立即對應。而解開外遇原因的線索，往往都隱藏在那些突發事件裡面。

那麼，在男女情感表露無遺、激烈碰撞的外遇調查過程中，究竟會有什麼樣的突發事件？

埋伏，特別考驗調查員的耐力，也是重要的工作之一。

尤其當情婦的住處已於事前曝光時，因為不知道外遇對象什麼時候會出現，所以經常會要埋伏在情婦住處。一想到必須連日埋伏守候，或許會覺得很厭煩，但也有好處，如果情婦有工作的話，就可以利用那段時間，讓自己稍微喘息一下。比起不知道會走到哪裡的跟監，就精神上來說，埋伏反而會比較輕鬆。只是，如果缺乏專注力和體力，就很難堅持下去。

搞婚外情的人，尤其是雙重外遇（男女雙方都已婚），幽會時更是格外慎重。賓館是他們絕對不會遺漏的幽會場所。他們會緊貼著彼此走進賓館，這時便是拍攝關鍵。跟監時，只要看到賓館的霓虹燈，調查員就會馬上拿出攝影機，蓄勢待發。

也曾碰過一路跟監調查對象，結果只有丈夫一個人走進賓館，他們這時多半都是採取和外遇對象一前一後進入賓館的手法。可是，光憑丈夫一個人進賓館，無法構成外遇的確切證據。

「因為工作熬夜，所以就去賓館休息一下。」如果丈夫以此為藉口，頂多只能說是可疑，不能明確定罪。因此，跟監人員就會在可以清楚看到賓館入口，就算長時間在車上待命，也不會引人懷疑的場所埋伏。

大部分的人，就算會一前一後進入特殊場所，離開時，即便會稍微注意一下周圍，通常還是會走在一起。恐怕是因為才剛度過激情的時刻，有點難分難捨吧！不管怎麼樣，對埋伏人員來說，他們一起走出賓館的那個瞬間就是關鍵，絕對不允許遺漏。

## 誰在埋伏誰？老婆、小三的老公和刑警相繼出現！

某天，調查員們一如往常的在賓館前面埋伏時，總覺得周遭的氣氛有點奇怪。除了本公司ＭＲ的調查員之外，旁邊還有好幾輛車，似乎也在緊盯著那間賓館，而其中一輛車裡面，有好幾個神情嚴肅的男人。

每當賓館的門打開時，不論是本公司的人，或是其他車輛上的男人們，全都會轉頭看向賓館，現場充滿緊張。

「他們會不會是其他徵信社的調查員？」「畢竟這裡是賓館，應該也是碰巧吧！」雖然員工們嘴上這麼說，但總覺得他們給人的感覺和調查員不太一樣。他們到底是誰？就在大家思考時，調查對象摟著情婦的肩膀，一邊警戒著周邊，從賓館裡走了出來。調查員馬上採取攝影姿勢，開始轉動鏡頭……就在這個時候！另一部車輛突然躍出一道人影，從容不迫的站在丈夫和情婦面前。

「老公！這個女人是誰？」調查員們臉色大變。因為出現在兩人面前的，正是委託我們調查的妻子本人。雖然我們有告知她，我們準備到丈夫與情婦幽會的現場埋伏，但沒想到她聽到消息之後，居然會如此按捺不住、親自來到現場。

儘管妻子劍拔弩張，滿臉憤怒，情婦卻毫無畏懼，甚至試圖激怒委託人：「妳根本不是我的對手……。」話才說到一半，情婦的臉就瞬間僵住了。這次出現的人似乎是情婦的老公，他緊握著拳頭逐漸靠近。

丈夫和情婦的老公、情婦和委託人，四個人爭執不休的火爆場面，就這麼在賓館前面上演。賓館的工作人員根本不打算理會，調查員各個驚慌失措，完全不知道該怎麼辦才好。這應該也算是種證據吧？於是就繼續拍攝影片。

接著，前面提到的四個嚴肅男人下了車，把他們團團圍住。

「我們正在辦案！請不要妨礙公務！」對方開口驅趕他們。看樣子應該是便衣刑警。這個時候，賓館的自動門打開，一個滿臉鬍鬚的男人帶著一個女人走了出來，看到便衣刑警，驚呼一聲，馬上拋下女人，轉身逃跑。

便衣刑警大喊：「站住！」緊追在後。原來從賓館走出來的男人是個通緝犯，便衣刑警是來這間賓館逮捕他的。犯人和警察一番扭打之後被逮捕了，而原本還在爭吵的四個男女，在親眼目睹警匪追逐現場後，瞠目結舌的呆站在原地。待雙方回過神之後，調查員終於找到機會介入協調，決定找個時間，四個人好好坐下來談一談，於是就各自回家了。

順道一提，儘管這對夫妻一度經歷火爆場面，但之後還是回歸了原本的幸福生活。至於情婦，不知道是不是因為一連串的驚人場面讓她心有餘悸，自從發生那件事之後，她就再也沒跟委託人的丈夫聯絡了。

不管怎麼說，這可說是調查員的人生當中，相當難得的寶貴經驗。

根據本公司的調查，**賓館是外遇幽會場所的首選**。另外，住宿價格相對便宜的商務旅館，在旅行幽會時，使用頻率似乎也很高。最令人意外的幽會場所是外遇對象的住處，但這種情況僅限於對方單身。日本調查員稱它為「自宅不倫」，簡稱為

## 外遇現場排行

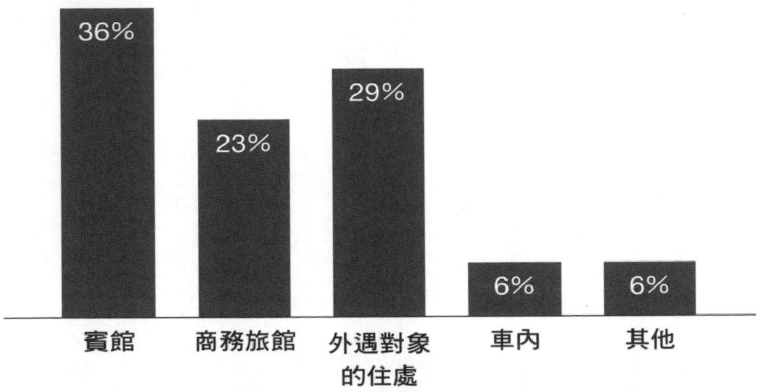


綜合徵信社 MR 調查。

「宅倫」。

另外，雖然數據資料不多，不過，車內、公司的休息室，或是倉庫等不需要花錢的地方，也會發生外遇事件。據說在這類場所發生外遇時，會因為可能被某人發現的刺激感而感到興奮，因此，在利用賓館等場所的同時，偶爾也會利用這樣的地方來享受刺激。

# 4 調查員吐真言：情婦多半比妻子醜！

每天接觸許多外遇現場的調查員們，根據其經驗法則發現，外遇的夫妻關係都有些共通點。我想閱讀本書的讀者當中，或許有人正面臨外遇問題，也有可能就是外遇的當事者，所以這裡就試著彙整一下，希望可以提供給大家參考。

1. 妻子嘮叨、囉嗦（溫柔的情婦比較體貼，所以丈夫會被迷惑）。
2. 丈夫嚴苛要求妻子（妻子長期積怨，促使妻子投入其他男人的懷抱）。
3. 和自己的雙親感情親密（配偶產生疏離感，因為寂寞而外遇）。
4. 夫妻之間沒有對話（對妻子或丈夫漠不關心）。
5. 有事隱瞞妻子或丈夫（一旦有了祕密，對外遇的免疫力就會降低）。

6. 無性生活（外遇主因。向其他異性尋求夫妻間無法獲得滿足的慾望）。

這樣條列下來，大家是否也頗為認同？就算只有一丁點，只要夫妻間稍微有那麼一點徵兆，就可能發生外遇。

那麼，接下來就來聊聊我們親眼目睹過的各種外遇相關的人、事、物吧！

調查員們經常討論買春與外遇的差異。得到的結論大致是這樣的：買春，只是玩玩而已；外遇，對配偶以外的對象抱有戀愛情感的慾望。

男人跑風俗店消費，只能算是買春，男人並沒有和特定女性長時間交往；相反的，外遇則是長時間和特定女性交往，如果沒有處理好，就容易陷入要死要活的泥沼。簡單來說，已婚男子買春只是一時衝動，只要向妻子低頭認錯就能了事。外遇則完全不同，就算事情曝光，也可能因為難以割捨與情婦之間的深厚情感，最後選擇離婚。

和已婚男性發生外遇的女性，通常被稱為情婦，或者小三、小妾、二奶等。小妾，通常是有經過正室認可，每個月都有固定的生活費可拿。在連續劇或時代劇等節目裡，也可以看到小妾登場。

## 外遇者本身所處的環境和特徵

許多人或許會認為，和特定女性有外遇關係的男人，多半都是經濟富裕的資產階級，而且大多是公司經營管理者，或醫生等上流社會人士。現實卻並非如此。倒不如說，儘管有錢人會四處玩樂，但是，和特定女性持續往來的案例十分罕見。為什麼？因為對公司經營管理者來說，一旦外遇醜聞曝光，就可能讓自己瞬間喪失社會地位。

現在社群網站十分興盛。如果像近年來逐漸盛行的色情報復（Revenge Porn）那樣，自己與情婦的性愛照片被散播，情況只會更加不可收拾。當照片中的主角是名人或知名度較高的企業經營管理者時，就可能成為八卦周刊的辛辣話題，遭人品頭論足。或許就是因為如此，實際上與特定對象有染的人，大部分都是非常普通的平凡上班族。

其中可列舉出的理由是，公司內部環境有太多與異性接觸的機會。主管和部屬、同期進入公司的同事，往來廠商的員工等，任何人都可以藉業務之便，結識更多的異性，還可以彼此分攤工作上的辛勞、商量一些煩惱或不了解的事情。這種典型的職場外遇調查，乍看似乎非常簡單，但調查員的答案則是NO。

就拿某調查員分享的案例來說吧！某間知名IT公司的員工，發生了職場外遇。委託人是在那間公司任職的丈夫的妻子。丈夫三十八歲，妻子則是四十三歲。或許丈夫天生就偏愛姐姐類型的女性吧！與丈夫發生外遇關係的對象，居然是同公司內四十多歲的單身女性，還是丈夫的直屬主管。丈夫經常晚歸，也常沒有聯絡就直接外宿。夫妻之間的交流幾乎趨近於零，丈夫已經完全不理會妻子。

「對我來說，這根本是謀殺程度的背叛。我一定要毀了他們兩個人！」外遇對象居然比丈夫年長，這個事實似乎更令妻子感到憤怒。

蒐集證據十分輕而易舉，問題是之後。沒想到妻子居然闖進丈夫的公司，拿著丈夫和女性主管外遇的證據照片，向那名女性主管的主管提出控訴。公司內部頓時一片嘩然，妻子馬上被帶到獨立房間，現場除了丈夫、女性主管、與妻子談判的部

## 和外遇對象的關係

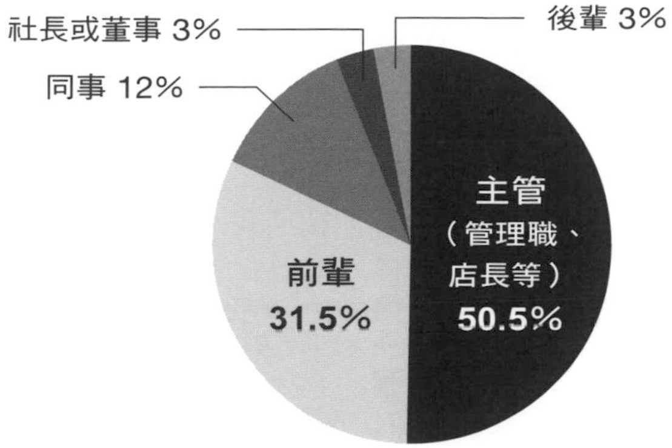


## 和外遇對象邂逅的契機

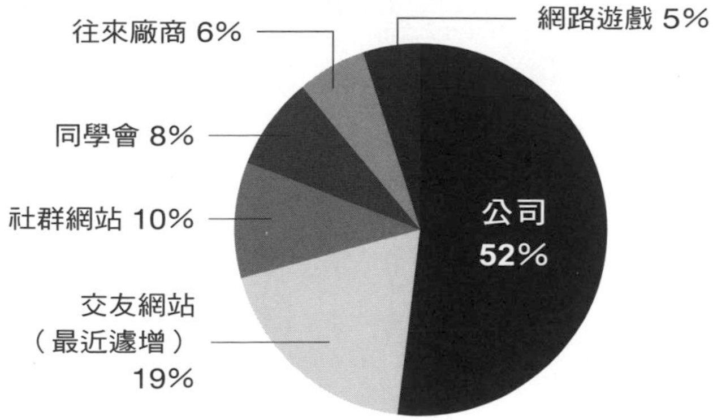


綜合徵信社 MR 調查。

長外，甚至連執行董事等高層也一併列席。

原以為妻子在公司大鬧之後，女性主管會因此離職謝罪，沒想到，即使是在公司幹部面前，她仍然不為所動。「我不需要什麼高官俸祿，要怎麼處分隨便你們。就算被開除也沒關係，能和心愛的男人在一起，就是我最大的幸福。」

和難纏的外遇對象幾番爭吵後，委託人還是和丈夫離婚了。外遇對象大獲全勝。原以為應該是如此，結果，在丈夫還是已婚時，兩人之間因為有阻礙，所以感覺會特別激情，在前夫和女性主管激情消退之後，最終還是走上分手一途。

**失去最多，也沒有任何一個人能得到幸福的，這就是典型的職場外遇。**

## 情婦通常都比妻子醜

有段時期，以「被外遇的妻子＝糟糠妻」作為主角的連續劇引起熱議。懸疑劇裡面，外遇、出軌，儼然已成了故事中的必備要素。藝人或名人的外遇醜聞，一旦被揭露出來，就會成為街頭巷尾熱議的話題，這類情況似乎已成為生活中熟悉的光景。由此可見，社會大眾對外遇的關注程度逐漸升溫。

在虛構戲劇的世界裡，和絕世美女之間的外遇，的確充滿魅力，但那終究只是妄想。丈夫外遇時，大家往往認為，肯定是因為外遇對象的外貌勝過妻子，才能魅惑丈夫的心，但現實中卻往往相反。

根據公司內部提出的所有數據、問卷調查，以及訪談資料，我們得到了令人震驚的事實：**外遇對象比妻子醜的案例居然高達八成**。這到底是為什麼？

這麼說或許有點失禮，但面貌醜陋的外遇對象，正因為美貌不足，所以不怎麼受男性喜愛，因此，即便對方是已婚者，她仍會全心全意的為對方付出。就像前面所提到的，丈夫會搞外遇，不是對妻子有所埋怨，就是被妻子壓迫，導致心生不滿。當他碰到用心呵護自己的女性時，即便對方是個醜女，還是有可能移情別戀。當然，床上功夫也是加分關鍵。

曾經就有過這樣的案例。徵信人員為了調查外遇丈夫而一路尾隨，結果，丈夫擠進滿載的電車，為了避免跟丟，他也跟著擠進車廂。透過狹小縫隙，緊盯著丈夫的一舉一動，沒想到居然目擊到丈夫伸手搓揉、撫摸眼前女性的臀部。不知道是不是因為太害怕，那名女性居然默默忍受。

「這根本是變態！」跟監的調查員用小型攝影機錄下了那個瞬間，打算通報站務員。就在那個時候，丈夫在下一站下車後，就馬上跑了起來。調查員完全沒時間跟站務員報告，本能的急起直追。結果，丈夫自己一個人前往賓館。一看就知道，這裡便是幽會場所。外遇男女各別進入賓館，這是不變的法則。

那位調查員在出入口附近埋伏，不到幾分鐘的時間，疑似外遇對象的女人出現了。看到那個微低著頭，快步走來的女性身影，他一臉震驚。原來她就是剛剛在電車裡被猛烈搓揉臀部的女性。這是什麼相約方式？居然有辦法在幽會之前玩這種「痴漢角色扮演」的遊戲，而且那名外遇女性真的長得不好看。

但這種女人不容易找到下一個對象，所以往往都會死纏著「現任男友」。碰到這種女人的時候，就算對方和丈夫已經沒有外遇關係，倘若沒有繼續盯緊那個情婦的動向，對方還是會不斷接近丈夫，到那個時候，外遇丈夫的心又會再次動搖，而無法拋下情婦不管，如果置之不理，夫妻關係就可能破裂。

如果是美女的話，正因為她們很受男人歡迎，所以並不會執著於一個男人，就算不小心和已婚者外遇，仍可能乾脆的一拍兩散。

每次向委託人報告調查結果的時候，在看到影片或照片之後，或許剛開始會因為外遇對象的外表不如自己而鬆一口氣，但仔細思考之後，肯定會跳腳道：「為什麼寧願要那種醜女？」千萬不要因為對方長得醜就安心，正是因為長得醜，才更加危險、更需要注意。

# 5 令調查員最感棘手的三種人

調查員不論陷入什麼樣的危機，都能夠冷靜、沉著應對，如此才能夠發揮出長期累積下來的能力，但是，即便再有能力，仍可能碰到棘手、難纏的案件。

那麼，讓調查員大傷腦筋的外遇案件是什麼？

## 第三名：調查對象是雙胞胎

在外遇對象湊巧是雙胞胎時，調查員在調查期間經常會陷入混亂，更遑論那一對雙胞胎還住在一起。

當他們從同一間房子走出來的時候，即便是眼力再好的調查員，仍然很難一眼就分辨出誰是誰。就算試圖根據服裝的穿著喜好，或品牌差異下去區分，仍有一定難度，因為雙胞胎通常都會互相交換衣服或是手提包。

為了擺脫這種艱難局面，探員必須採取兩班制，分頭調查雙胞胎。在這種狀況下，時間和費用都必須花上兩倍，這點也是一大難處。若要把費用抑制在最小限度，就只能多動點腦筋。最容易分辨的方法就是手機。

現代人總是時刻拿著手機，可以藉由手機殼的設計、顏色差異，以及配戴的裝飾品等，加以鎖定調查對象。

## 第二名：遇到同行

以妻子的立場來說，或許她並不希望委託與丈夫職業相同的調查員，但妻子也十分明白，調查員確實具備掌握明確證據的能力。妻子非常了解調查員的手法，所以能清楚且快速的提供徵信社想了解的事前資訊。

可是，當調查對象也是名調查員時，對方馬上就能發現自己被跟監或是埋伏，就算訪查周圍相關人士，也因為幾乎都從事相關職務，反而無法接觸。

這種時候，通常會由身經百戰的資深調查員負責執行任務，才能比身為調查員的調查對象更早一步洞悉一切、採取行動。話雖如此，調查的難度還是很高。

## 第一名：警察

**說到最困難的外遇調查，調查員們異口同聲道：「警察。」**現任警察的外遇案件是相當棘手的。或許因為是警察的妻子，本身並沒有那麼排斥委託調查，因此委託頻率還挺高的。

**警察的外遇對象多半都是同警署內的女警**。這可說是警察對危機管理意識的疏漏吧！如果外遇對象同樣也是名警察，就算真的發生什麼糾紛，也絕對不可能讓外界知情。警察內部會粉飾太平，宛如從未發生過。當然，還是會對本人做出懲處。但如果是和警界外的女性發生外遇，一旦引起糾紛，事情就會一發不可收拾。「警察夜間巡邏十分火熱？」、「外遇警察臉色大變，外遇有什麼錯！」更可能像這樣，成為女性雜誌或周刊雜誌的報導題材。

大家都說警察是人民的楷模，正是因為如此，世人才會用更高的道德標準去看待他們。可是，警察終究是人。就算明知道外遇有違道德，最終還是敵不過慾望。

不管怎麼說，跟監警察是件十分艱苦的任務。畢竟警察擁有公權力，如果有什麼突發狀況，對方仍可能藉職務之便逮捕調查員（雖然至今還沒發生過這樣的事）。再加上對方是個警察，所以也能馬上察覺自己被跟監。因為他們跟調查員一樣，總是時刻環顧四周，沒有絲毫破綻。

如果要讓調查有所進展，就不可欠缺委託人妻子的協助。首先，請妻子偷偷蒐集外遇對象，也就是女警的相關資訊，再鎖定目標行動，如果對方是位年輕的女警，就有可能私下突破心防。可是，如果要進展到那個地步，調查員往往必須耗費好幾倍的勞力，也必須長時間的繃緊神經才行，所以才說警察是最難跟監的對象。

# 6 有些傷，終身都無法痊癒

掌握證據、冷靜查明外遇事實是調查員的工作，但是，沒有任何人希望當事人會因此不幸。如果可以，我們都希望當事人能夠在知道真相後，重新開始自己的人生。可是，有時調查結果卻會造成永遠無法痊癒的深刻傷痕，其中又以以下三種情況對當事人傷害最大：

## 第三名：老師和家長

根據調查數量的分析，老師和學生家長之間的外遇案件並不少，而且其結果往往都是悲劇收場。

在真相敗露時，馬上就會被學校和家長教師聯誼會當成重大問題而遭到彈劾，如果是私立學校，該名老師會馬上遭到開除，而外遇家長的孩子則多半會被迫自動退學。倘若整個社會給予的制裁很嚴重的話，最後就不得不離婚。

可是，在這當中，受傷最為沉重的應該是外遇當事人的孩子們。平時教導自己應該遵循道德，不該受外界迷惑的老師，澈底背叛了自己，再加上自家家長抵擋不住肉體慾望而對婚姻不忠，這些都令孩子難以接受。老師和家長所帶來的雙重背叛，恐怕很難讓人釋懷吧！

## 第二名：被性騷擾的調查員

留下難以抹滅的深刻傷痕的人，可不光只有外遇的當事人。以下我要分享的，是接到妻子委託、深入調查後發現，丈夫是個同性戀者的案例。

丈夫之所以結婚，應該是基於世人的眼光，同時也是為了掩蓋自己是同性戀的事實。調查後才發現，丈夫是個不折不扣的同性戀。

某次，為了揪出丈夫的情人（男性），某調查員跟監到同性戀專用電影院。他特別準備了可以在黑暗中拍攝的紅外線攝影機，跟著丈夫進入了電影院。沒想到，那裡居然是男同性戀激情交歡的場所，也就是所謂的發展場（男同性戀進行聯誼的地方）。丈夫和情人相約在這裡，甚至直接在相鄰的座位上從事性行為。

那位調查員第一次看到男同性戀的肉慾世界，驚訝的幾乎說不出話。此時，一名巨漢無聲無息的靠近他，突然一把摸向他的雙腿之間，甚至企圖更進一步，用手環抱他的肩膀，強行索吻。

堅持調查到最後一刻，是本公司MR徵信的座右銘，但是，這個案件帶給人的衝擊實在太過強烈，調查員不得不拉開巨漢的手，夾著尾巴逃出電影院。這個有生以來的初體驗，成了他心中難以抹滅的創傷，才進公司半年，就提出辭呈了。

## 第一名：外遇對象是家人

如果外遇有好壞之分的話，當外遇對象是「家人」時，這肯定就是壞外遇。

受妻子委託，調查丈夫的外遇情況，結果發現丈夫頻繁出入妻子的娘家。調查員掌握到這個詭異的行動，正當覺得奇怪時，他驚覺，丈夫只會在岳父外出工作的時段前往妻子娘家。

「不會吧……？」調查員直覺懷疑，難道丈母娘就是丈夫的外遇對象？

於是，探員便在妻子的娘家埋伏數天。跟監興高采烈外出的委託人的媽媽，終於逮到她和委託人的丈夫在外面幽會的畫面。得知調查結果的妻子和她的家人因而大吵了一架。結果，夫妻倆離婚了，妻子的雙親也離婚了。一個家四分五裂。

除此之外，還有其他類似的案例，例如和丈夫或妻子的兄弟姊妹外遇，結果全家上下都被捲入其中，迎來令人痛苦不堪的結局。即便事情塵埃落定，但是，枕邊人和自家人發生外遇所造成的傷害，恐怕終生都無法痊癒。

# 7 六十歲以上的高齡外遇正在蔓延

雖然不至於會走到外遇的地步，但正值二、三十多歲，精力旺盛的丈夫，到風月場所發洩性慾，仍然是家常便飯。不過，那終究只是一時衝動的出軌。**真正的外遇情況，似乎比較容易發生在四十多歲的男人身上**。

和女性有情感上的交流，才是真正的外遇。比起滿足性慾，這個時期，通常是夫妻情感的倦怠期，因此，往往會尋求精神方面的安逸。更令人驚訝的是，六十歲以上的高齡夫妻，委託調查有劇增的趨勢。二〇一八年的委託件數，比二〇〇八年還要多出四十倍（請見第一一五頁）。

由此可證，在邁入百年長壽的時代裡，年長者的身體都還老當益壯，情感生活似乎也變得越來越不簡單。

## 各年齡層的外遇調查件數

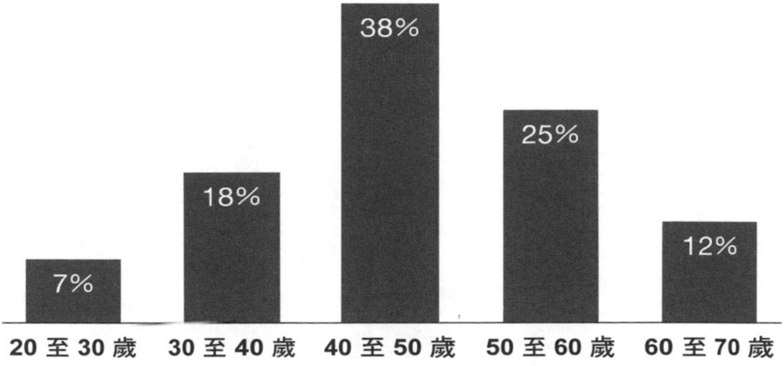


綜合徵信社 MR 調查。

## 60 歲以上的委託件數演變

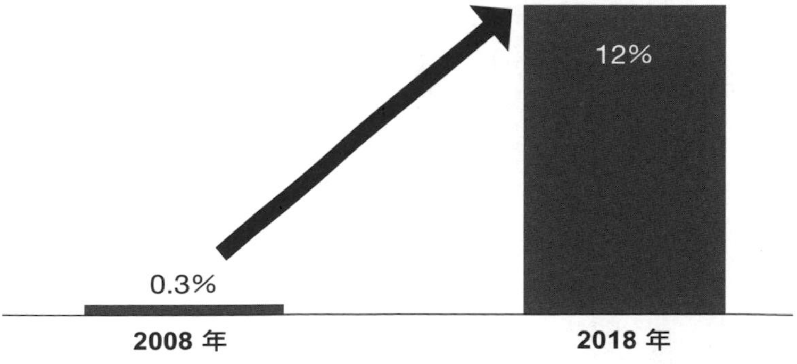


綜合徵信社 MR 調查。

委託人是八十多歲的妻子，丈夫也八十多歲，是位醫師。委託人隱約知道他有個情婦，而且也已年近七十。**三個人的年齡加總起來已經超過兩百三十歲**。妻子說，儘管他的丈夫已經沒辦法做愛，但仍然會定期和情婦見面。

仔細詢問才知道，妻子早在三十年前，就已經發現丈夫和情婦的關係了。當初，妻子認為「英雄自古本好色」，也就睜一隻眼閉一隻眼。但是，他們並沒有因為年齡增長而分手，這樣的情況漸漸讓妻子無法忍受。

「不管怎樣，我就是希望他們分手，所以我想抓到證據。」妻子強勢道。

調查結果就如妻子所說，**丈夫的情婦是個年近七十歲的女性**，對方一直都是單身。妻子打算拿著那些證據，要求丈夫和情婦分手。她私下存了一筆可觀的金額，打算用那筆錢來作為分手費，如果可以用錢解決，一切就好辦了。

可是，當妻子把那些證據攤在眼前時，丈夫卻露出悲傷的神情，緩緩說道：「我沒有辦法拋棄她，她一直都是自己一個人。我們已經不是普通的男女關係，如果沒有我陪在身邊，她就太可憐了。妳不覺得這樣對她太殘忍了嗎？」丈夫打從心底心疼、不捨這個三十年來，一直在暗處默默陪伴著自己的情婦。丈夫認為他必須為這個情婦負責。

「我沒辦法拋棄她。反正妳那麼有錢，我也可以給妳贍養費。拜託妳跟我離婚吧……。」結果，被要求離開的，竟然是她自己。

那位情婦既沒有孩子，也沒有家人。而妻子不僅有出色的孩子，還有孫子，家庭十分幸福。聽到丈夫的一席話，情婦的處境確實令人同情，既然如此，她只好選擇結束和丈夫的婚姻生活。

現在，她偶爾也會和丈夫、情婦，三個人一起見面吃飯，進一步認識之後，妻子發現對方是個相當溫柔的人，對自己也十分恭敬有禮，所以兩人的關係似乎很不錯。或許是因為已經了解人生苦短的道理，所以高齡者的外遇問題，通常不會花太多時間爭論，反而可以更快找到妥協點，得出結論。

不管如何，親眼見證過這些案件的調查員是這麼說的：「即便已經高達七、八十歲，**老年人的愛情仍與年輕人沒兩樣，甚至過之而無不及。**」

過去也曾經發生過一個案例，七、八十歲的丈夫，把自己和外遇對象的性愛影片、照片存放在手機裡，而妻子將那些照片拿到徵信社，委託我們調查。透過那些照片就可以看到當事人的「精力旺盛」和「活力」。足見男女之間的情感，和年齡一點關係都沒有。

據說人類的性慾直到化成骨灰才會停止，戀愛或外遇也沒有年齡限制，絕對不可以有先入為主的觀念，這是我深刻感受到的事實。

# 8 沒有寫在結案報告裡的冷暖喜悲

我的工作不光只有調查，有時也必須陪同本公司的諮商師，以夥伴的身分，協助委託人解決煩惱。

不管怎麼說，報告調查結果之後的後續追蹤才是最重要的，而調查所蒐集的資料，會讓日後的後續追蹤更實際、順利。所以，調查員和委託人之間經常會建構出緊密的人際關係。

這裡就為大家介紹調查員和委託人之間所發生的各種插曲。

委託人是大約三十多歲、品行敦良的美麗妻子。最近，丈夫都在星期三晚歸，而且身上總有洗髮精的香味，她擔心丈夫可能是外遇，希望我們協助調查。調查員們二話不說，爽快答應。馬上決定在隔週的星期三跟監丈夫。

果然！丈夫離開公司之後，馬上前往新宿歌舞伎町，熟門熟路的走進一間泡泡浴店（以入浴方式提供性服務的場所）。之所以選擇星期三，是因為該店有所謂的「週三優惠」，收費比平日便宜三千日圓左右。

## 呆萌妻與驚慌失措的調查員

向妻子報告調查結果後，妻子接著委託我們進行新的任務，「請幫我調查他在店裡面都做些什麼」。男人去泡泡浴店，任誰都知道是去做什麼，可是，妻子像是不食人間煙火似的，完全不了解。

調查員謹慎、委婉的向她說明，卻還是不得要領。於是，調查員詳細調查了泡泡浴店所提供的服務內容，然後向妻子報告：「他很喜歡這種玩法，被這樣服務似乎很舒服的樣子。」妻子卻說：「我還是不太懂。可以示範一下嗎？對我……。」話還沒說完，委託人就開始脫起身上的衣服。調查員見狀，慌亂的拚命阻止。那位妻子就是這麼一位呆萌的純真女性。

經過一個月之後，被調查的丈夫怒氣沖沖的跑來公司。

「你們到底跟我老婆說了些什麼？」一問之下才知道，他的妻子居然跑去丈夫經常光顧的泡泡浴店工作，在那裡巧遇自己的丈夫。逼問之後，妻子才道出令人驚訝的動機：「因為你常常來這間泡泡浴店，所以我想來這裡學習一些討你開心的技巧。我不想被你拋棄……。」於是，我們就把妻子委託本公司調查，並且得知丈夫出軌的事都全盤托出。

剛開始，丈夫確實相當憤怒，但在知道一切原因都在自己身上之後，丈夫開始自我反省。調查員們也極力勸說，希望丈夫重新看待夫妻間的關係，好好珍惜沒有半點壞心眼、宛如可愛少女般的妻子，才是讓彼此最幸福的方法。對此，丈夫也十分贊同，並發誓再也不會出軌。

之後，據說他們夫妻倆過得十分恩愛、幸福。儘管那位妻子的大膽行動嚇壞了大家，但是，妻子的純情與天然呆萌，卻為探員們帶來如沐春風般的溫暖。

說到成天去泡泡浴店的丈夫，就讓我想到，過去也有在泡泡浴店工作的女子上門委託。

## 泡泡浴娘的苦戀

委託人愛上了每次都指名她的常客。一般來說，他們規定不能在上班以外的時間和客人見面，可是，因為對方十分真誠的要求「請妳和我交往」。剛開始委託人是拒絕的，但之後實在耐不住請求，就和對方約了幾次會，委託人就漸漸喜歡上了對方。對方甚至表示：「我想把妳介紹給自己最信任的公司主管。也想讓我的雙親看看妳。」這番話甚至讓她有了想和對方結婚的念頭。

說個題外話，在泡泡浴店工作的女性和客人步入禮堂的案例其實還挺多的。

因此，她也一直期待著，自己或許會在某一天被求婚。然而，對方突然在某天封鎖了她的 LINE，手機也不接，就此音訊全無。於是，她就來到徵信社，希望我們幫忙尋人，當我們提出報價時，她開始掰著一根根手指估算著。

「妳在算什麼？」

「那個……。」

沒想到，她居然是在算自己究竟要服務多少客人，才能夠付得出這筆調查費。

數完之後，她長嘆一口氣，突然痛哭起來。「這根本是不可能的事情。果然是這樣，對吧？說什麼要跟我結婚，他根本不是真心的，對吧？」

這番話不斷捶打著調查員們的心，「如果有什麼問題，歡迎隨時來諮詢。單純諮詢是不收費的。」她最後還是沒有來委託。雖然後來還有聯絡幾次，但之後就完全失去音訊。

兩年後，我們收到了她的喜訊。她跟我們報告，現在她已經和另一個男人結婚，擁有非常幸福的家庭。

徵信社有時會接觸到許多在社會角落努力生活的人們。

## 想帶老婆去蜜月的暖男

新婚三個月的三十歲嬌妻，因為憂心丈夫出軌而委託我們追查。

「最近，丈夫總是拖到末班車的時間才回家，態度也怪怪的。我懷疑他是不是出軌了，請你們幫我調查一下。」

於是，我們馬上蒐集資訊，澈底調查丈夫二十四小時的行蹤，但完全沒有什麼可疑的女性身影，或是半點出軌的徵兆，反而發現了令人感動的事情。丈夫之所以晚歸，是因為除了白天在公司上班之外，下班後還跑去兼職當調酒師，每天做五個小時。難道說，他的丈夫同時兼兩份工作是為了養女人嗎？

為了查明真相，我們喬裝成酒客，進入委託人的丈夫工作的酒吧。

「這份工作做很久了嗎？」、「白天做什麼？」、「這麼拚，難道是想買法拉利？」調查員一邊閒聊，慢慢切入重點。

結果，丈夫說出驚人的一番話：「因為結婚之後沒什麼錢，沒辦法帶老婆去蜜月旅行。我想存錢帶她去旅行，給她驚喜，所以才會偷偷兼差。」過去，調查員們一直看著那些充滿慾望的人類，總覺得連自己的心都變得冰冷了，而在聽到丈夫的這番話後，調查員的心瞬間變得暖烘烘。

調查員心情愉快的向妻子報告，丈夫並沒有出軌，這一切都是誤會，同時也把丈夫的驚喜計畫告訴了妻子，結果妻子高興得淚流滿面。

「聽說是認識的酒吧老闆請他去店裡幫忙。不久之後就會結束，到時候他就可以準時回家了。」

兩個月之後，妻子在電話中哭著說：「剛剛我老公全都告訴我了。我真糟糕，居然懷疑他……。」

我們總是站在夫妻情感的交匯處，偷偷給予協助。

## 抓姦目的除了離婚，也是為了復合

在本公司任職的新人，幾乎都是畢業自本公司營運的學校的優秀人才。剛開始，每一個新人都沒有經驗，完全就是不知道該從哪裡下手的外行人。他們的專業素養是在什麼時候覺醒的？在我詢問公司內部的調查員之後，才得知一件很有趣的故事。

新進調查員小Y在一個偶然的機會下，看到MR的調查員在某個電視節目擔任特別來賓。因而毅然決然的辭退任職的大型不動產公司，選擇了調查員之路，是個十分難能可貴的年輕人。

「岡田社長說過，『**不論男女，人一旦有機會，就會出軌、外遇**』，這句話深深刺進我的心裡。過去，我一直以為只要有愛，人就不會背叛自己，或許這根本是錯的……於是我就打電話到MR了。」因為渴望了解深藏在人類心底的各種模樣，小Y才選擇了調查員的職業。

之後，小Y參與許多外遇、出軌的調查，然後在調查的過程中，他碰到了一件令他終生難忘的案件，同時也成了他人生的轉捩點。那是個丈夫懷疑妻子外遇的調查案件，那名妻子並沒有特定的外遇對象，而是同時周旋在眾多男人之中。

結果出來時，小Y非常同情委託人，決定盡可能婉轉的告知，避免傷害到男人的自尊心。小Y原本擔心男人會因為絕望而歇斯底里，沒想到丈夫的反應卻出乎他的意料。

「哎呀、真是謝謝你。這樣一來，我就能和妻子重新開始了。」聽到這番話的小Y，一度懷疑自己是不是聽錯了。明明妻子有了外遇，為什麼說可以重新開始？小Y直率的詢問，丈夫如此回答：「我老婆之所以會這樣，其實都是我的錯。以前，我曾經有個情婦，然後被妻子發現外遇，我們爭吵了很久……。」當時，妻子撂下一句話：「我也要讓你嘗嘗，被心愛的人背叛是什麼滋味！」於是，就開始了分居生活。

只要仔細想想妻子當初拋下的這句話，自然就會明瞭為什麼會演變成現在這種情況。妻子會定期和丈夫見面，每次都會挑釁丈夫，例如，「我又交了新的男朋友」，或是「白天的賓館有很多空房間」之類的。

丈夫逐漸對妻子的行為舉止感到害怕，便馬上和情婦分手，打算和妻子恢復原本的婚姻生活。正因如此，丈夫才會委託調查，打算藉此和妻子重修舊好，根本不是為了拿這些證據當成離婚的籌碼，丈夫反而覺得是自己在逼妻子外遇。

「也就是說，你們夫妻倆不相上下。誰也不虧欠誰，是嗎？」小Y說。

結果，丈夫說：「不對。剛開始，她外遇是為了讓我吃醋、痛苦，但事實上，現在的她卻承受著極大的罪惡感。」丈夫開始對小Y吐露真正的心聲。

其實妻子從頭到尾都沒有提過一次離婚，反而曾經向丈夫懇求：「這樣繼續下去真的好嗎？如果不想點辦法的話，我真的會逃走喔？」當丈夫察覺到妻子外遇，壓抑著嫉妒之情、沉默對應的時候，妻子像是窮途末路般崩潰大哭。

「其實我那個時候就知道了。妻子正承受著罪惡感的苛責。一切都是因為我，她才會變成那樣，所以我打算把這個結果告訴她，真心的向妻子道歉。很抱歉讓她受了那麼多苦。」

「這麼做，你的老婆會理解你嗎？不會有反效果嗎？」

「其實……」丈夫說出了這次委託的所有真相，「其實妻子也有找人查我。我打算把彼此的調查結果全都攤開來，然後澈底拋開這一切、從頭來過，給彼此一個機會。」小Y頓時啞口，不知道該說些什麼。

過去的外遇、出軌調查，通常都是為了掌握有利於離婚的證據。但MR也會提供建議，幫助修復夫妻關係。這次的調查，則只是為了讓這對夫妻再次認知到彼此間還有著深厚羈絆。

「調查的目的並不是為了探求他人的罪惡或祕密，或許是為了探尋內心深處的吶喊，又或者是碰觸那些軌跡，找出真相的一種方法……或許我說明得不夠貼切，但我覺得那個案件，讓我的調查資歷有了更進一步的成長，對我來說，這個案件便是我人生的轉捩點。」小Y說。

相遇和離別並不單單是委託人的問題。對於參與其中的徵信人員來說，同時也會對自己的人生帶來重大影響。對ＭＲ來說，探究人心深處，挖掘出使人幸福的真相，就是調查員的醍醐味。只要了解這一點，**調查員也可說是人生修復師**。

第三章

# 業界第一徵信社的變心驗證法

# 1 我們找真相，讓人幸福的真相

配偶外遇的煩惱，唯有當事人才能體會個中滋味。

不管怎麼做，就是找不到答案，終日焦慮、不安，幾乎快要神經衰弱。可是，只要有了解真相的決心，願意吐露出內心裡的疑慮或苦惱，就可以在調查前找回冷靜，更客觀的談論對丈夫或妻子的懷疑。因此，本公司獨家引進了專業諮商師體制，協助每一個委託人走出陰霾。

委託人突然和我們調查員面對面，難免會有點緊張、不安，況且還是在為另一半外遇或出軌苦惱的情況下，自然就更難提供精準度較高的資訊。我們認為，並不是只要揪出事實，一切就塵埃落定，撫慰心靈也是十分重要的工作，因此，我們會在調查完真相的同時，提供心靈撫慰，找出讓委託人幸福的方法、給予建議。或許

### 發現外遇之後

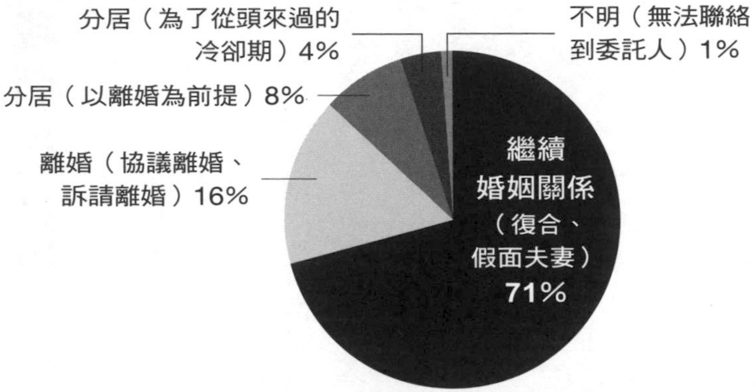


綜合徵信社 MR 調查。

是因為如此，**在首次被認為無法再度修復關係的夫妻當中，大約有七成的夫婦都能夠修復情感**，重修舊好的離開我們的諮詢室。

那麼，該怎麼做，才能夠讓心靈受傷、陷入苦惱的委託人卸下心防，取得更正確的事前資訊呢？第三章就為大家介紹，唯有調查員才有的專業技巧，以及在事前諮詢中所碰到的人生百態！

# 2 調查員也大力推薦的出軌驗證法

請本公司的委託人填寫問卷時發現，幾乎每個委託人都是長年處於無性生活。夫妻之所以缺乏性生活，通常是因為另一半已經在某處發洩了自己的性慾望，又或者是在丈夫或妻子身上感受不到魅力。

說得直白點，就是**外遇或出軌的背後，都隱藏著對性的渴望，那份渴望和無性是一體兩面的關係**。仔細回想一下，如果已經持續了好幾個月沒有性生活，那麼，你的配偶很可能正在外遇或出軌。這種判定方式未必百分之百正確，但就算因此而遭受質疑，也無可厚非。

如果為此就馬上委託徵信社，未免言之過早，應該先試著自己蒐集所有可能的證據。接下來就讓我來教教各位，現任調查員推薦的「外遇與出軌驗證法」！

有外遇的人百分之百都是透過手機保持聯繫。手機不僅是資訊寶庫，更容易存有十分顯而易見的外遇痕跡。所以，試著檢查下列幾點！

**1. 手機驗證：**

- 是否變更手機密碼，或是破解密碼的難度變高了？
- 他（她）十分排斥妳（你）查看或碰觸手機。
- 簡訊的往返紀錄、聊天紀錄全都刪得一乾二淨。
- 明明在家裡，手機卻片刻不離身。
- 來電或簡訊的人名是縮寫，或者是妳（你）不認識的名字。
- 有妳（你）不知道的全新聊天程式。
- 開始會用 Instagram、推特的私訊留言。
- 幫妳（你）或小孩拍照的次數變少了。
- 自動輸入時會出現「我愛妳」、「我想妳」、「我喜歡妳」或異性的名字。
- 用的貼圖是自己沒看過的（不會傳給自己）。

- 安裝了修圖軟體等年輕人使用的應用程式。
- 手機皮套裡面出現沒看過的卡片、鑰匙，或可疑的收據。

現在，不分男女老幼，幾乎人手都有一支智慧型手機，但是，隨著年紀增長，使用頻率較多的功能只有電話和簡訊。如果外遇對象是個年輕人，外遇者為了配合對方，多半都會跟著安裝一些時下流行的應用程式，當有外遇嫌疑的丈夫或妻子，手機裡面出現了不符合個人風格的應用程式時，百分之百大有問題。

此外，如果妳（你）知道對方的手機解鎖密碼，當然可以盡情竊取手機裡面的資訊，但是，夫妻之間仍然必須尊重個人隱私，而且在法律上，這樣的行為也有牴觸非法竊取個資的疑慮，這一點請千萬不要忘記。

**2. 錢包驗證：**

外遇是非常花錢的，包含禮物、開房費、用餐等開銷。除非是收入較高的大老闆，否則，手邊可以運用的金錢實在有限。**「沒錢就不會亂搞」，這句話的確是至**

**理名言，但事實上，「就算沒錢，還是想外遇」才是真心話吧！**

最近，也有很多人背著配偶，偷偷跟融資公司借錢，就只是為了籌措幽會費用。建議在掌握證據的同時，也要勤勞的檢查錢包。

- 信用卡的帳單金額比過去高出許多。
- 持有自己不知情的信用卡。
- 不讓自己看信用卡的帳單、明細。
- 錢包裡面出現平常不會去的餐廳等商店的收據。
- 經常出現平常不會去的區域的停車場收據。
- 出現在下班時間提款的ＡＴＭ交易明細。
- 錢包裡面有保險套。
- 零錢包或鑰匙包的內側有陌生的鑰匙。

「主管找我喝一杯……。」以這種理由深夜晚歸，或是外宿的隔天，口袋或錢包裡面有傍晚時分提款的交易明細表，請務必保存下來。那或許是在某個地點使用的交易明細表，請務必仔細檢查。收據、停車場收據都有清楚載明店家的地址、電話、消費時間，這類資訊非常有利於掌握行動，請務必拍照保存。

另外，很多人會在錢包裡面藏有保險套（尤其是男性），以備不時之需。發現保險套的時候，與其說是外遇，倒不如說是對方渴望出軌的鐵證。把發現時的狀況拍照下來吧！陌生的鑰匙則有可能是外遇對象住處的鑰匙。

**3. 汽車驗證：**

只要有自己的車，就會增加外遇的自由性。反過來說，因為有車而發生外遇的案例也不在少數。

如果懷疑對方外遇的話，請澈底調查對方平常使用的車子，應該就可以發現高速公路收費紀錄，或是休閒設施的半日卷（檢查日期），當然，甚至連保險套都有可能出現。

- 車內發現女性的頭髮。
- 車內的菸灰缸裡面有陌生品牌的菸蒂。

- 座位下方有沒看過的耳環。
- 查看ETC的通行交易明細，發現數次前往平常不太去的場所。
- 導航紀錄上出現沒看過的住址。
- 副駕駛座的位置有被調整過。
- 後車箱的下層收納空間裡有陌生物品。

汽車裡面有很多會疏漏的小細節，請千萬要細心檢查，有時一點點線索，就可能成為關鍵線索，引導出證據。

準備好膠帶，仔細檢查座位到後座的腳踏板（因為如果坐在副駕駛座，頭髮會掉在座位後方），不要放過每一寸。這裡所找到的物證將成為關鍵性證據，所以採集到的毛髮等物品，務必妥善保存。很多人都會把藏有情婦物品的行李箱，放在後車箱下方的收納處。因為平常不太會用到，所以會認為是最安全的地方。

另外，有些嫉妒心較重的外遇對象，為了讓妻子察覺丈夫和自己的關係，會刻意把耳環或是口紅等女性物品遺留在車內，甚至會刻意留下自己的貼身衣物。

## 4. 性關係驗證：

一旦和外遇對象有了肉體關係，最為顯著的變化就是性生活。外遇、出軌，不論男女，原因都在於對性的強烈渴望，因而希望透過外遇，來體驗夫妻間無法得到滿足的愉悅快感。

- 開始用「很累」、「很睏」之類的理由拒絕做愛。
- 比以前冷淡，次數也有減少。
- 感覺像是在執行義務似的。
- 被碰觸到身體時，會警戒或是有厭惡感。
- 不再有牽手、擁抱等肌膚接觸的舉動。
- 做愛時很不專心，感覺像在思考其他事情。
- 技巧變得比過去更好。
- 對避孕變得更神經質。

外遇肯定伴隨著性愛。因為透過性愛交流，可以讓彼此看到彼此追求快樂的態度。為了滿足外遇對象，外遇者會力求精進床上功夫。更令人意外的是，有些人會利用夫妻來練習，然後再把技術應用在外遇對象身上，非常愚蠢也十分殘酷。

**5. 日常驗證：**

日常生活中，如果妳（你）覺得同居配偶好像有點怪怪的，請注意下列幾點，稍微觀察一下。

- 一回到家就馬上洗澡。
- 仔細打聽妳（你）的預定行程。
- 只要說他（她）身上有陌生的香水味或菸味，態度就會變得怪異。
- 身上會配戴一些沒看過的首飾。
- 改變貼身衣物，變成穿全套。
- 不和自己談論換車、搬家、重新裝潢，或是雙親看護等關於未來的事。
- 以「想獨自一人」、「沒自信再走下去」、「婚姻經營不下去」等理由，突然提出離婚。

講電話的時候，問一句「現在在哪裡？」、「幾點回來？」很重要。截至目前為止，**在我們進行的調查當中，早上外遇的案例並不多，大部分都是在晚上**。

因為和外遇對象幽會而晚歸時，一定會有相當高的機率以「接待客戶」、「和客戶、主管、同事、部屬開會」等工作為藉口。有時候，為了避免被懷疑，甚至還會提前告知會晚歸。這表示大部分的人和外遇對象幽會，都是從數天前就已經計畫好，而不是臨時決定。請挖掘出隱藏在行動背後的真相，仔細深入觀察。

**懷疑對方有外遇時，就試著觀察配偶的貼身衣物！**平常除了妻子、丈夫，或是同住的家人之外，外人並不會看到自己的貼身衣物。可是，外遇者希望讓外遇對象看到自己美好的一面，不想給人不修邊幅的感覺，所以開始發生肉體關係之後，就會重視起貼身衣物。如果貼身衣物突然變得時尚，就算被懷疑也是在所難免。

如果正在外遇或出軌的人是丈夫，請讓他穿上有縫上標記，或色調稍微不同的襪子。先把左右標記記起來，在丈夫回家時，確認襪子是否有對調。如果有的話，很明顯就是在某處脫下襪子，也就是脫了衣服，這時，外遇的可能性就會變大。

在夫妻關係當中，正在發生外遇或出軌的人，多少都會有點罪惡感。不僅會改變和妳（你）之間的關係，同時也會**變得比較不願意和妳（你）的雙親見面。**

## 別懷疑，情婦就在你身邊

委託人確信丈夫有個外遇關係的女性。但這終究只是妻子的第六感，她手上並沒有半點確切的證據或是線索。於是就來本公司委託調查，將最後一絲希望放在我們身上。

第一次諮詢時，妻子說：「我老公肯定有外遇。我十分確定，可是，我完全找不到半點線索，不知道他什麼時候、在什麼地方，和什麼樣的女人見面。」委託人並沒有半點悲傷，反而表露出堅強意志，甚至隱約感受到她似乎樂在其中。和調查員討論的期間，委託人也十分配合，她也欣然接受我們提出的兩個事前驗證方案。

幾天後，委託人有了消息。正確記錄丈夫行動後發現，丈夫平日會準時回家，只有週末會外出跑步一個小時左右。偶爾會在週末外出找朋友，但差不多兩小時就回家了。「我們只是去車站前面的咖啡廳聊天而已！」幾乎完全找不出外遇時間。

手機簡訊有上鎖，沒辦法確認。也未曾有可疑人士來電，或是丈夫偷偷講電話的情況。可是，妻子對丈夫的出軌仍然深信不疑。

「可是，真的就像事前驗證寫的那樣，就算我主動求歡，他還是會拒絕我，而且，一從外面回到家，他就會馬上去洗澡，鑰匙圈上面也有我沒見過的鎖匙，真的很可疑。」既然她都已經這麼說了，我們決定前往公寓埋伏，企圖揪出丈夫外遇的證據。碰巧，妻子因為親戚的法事，預計在週末外出兩天一夜。因為小孩都已經成家了，所以家裡就只剩下有外遇嫌疑的丈夫。

如果丈夫真的有外遇，肯定會在這段時間露出馬腳。調查員們在委託人的公寓面前嚴陣以待，伺機揪出丈夫偷跑去幽會的證據。沒想到，竟沒有半點可疑形跡。星期六傍晚去超市購物、星期日下午去便利商店，其他時間都窩在家裡，最後一無所獲。「搞不好是他妻子搞錯了……。」調查員們一致認定。

可是，妻子之前說的那幾點事前驗證，還是很令人在意。拒絕求歡、回家馬上洗澡、鑰匙圈上有沒見過的鑰匙。基於尊重妻子的第六感，我們試著透過事前驗證做出假設並推理。經過數小時討論，終於得到了答案。

如同妻子所言，丈夫的行為確實可疑。可是，他回家時間基本上都很固定，外出時間也非常短。如果把這兩點串聯起來，所得到的答案就是：「情婦就住在附近！」我們馬上在公寓入口守候，並且和回家的丈夫搭乘同一部電梯，丈夫並沒有察覺到我們。

電梯來到丈夫自家樓層，截至目前都沒有問題。調查員在丈夫走出電梯的同時，按下開門鍵，悄悄跟在丈夫身後。偷偷躲在附近的陰暗處監視，結果，丈夫從自家門前走過，熟門熟路的拿著鑰匙走進了第二間住家。這到底是怎麼回事？

確定丈夫走進了那間住家，我們也成功鎖定了住在那裡的人。我們的推理果然沒錯，那間房子的主人是個三十多歲的單身上班族。丈夫為了避免外遇被揭穿，就讓情婦搬到自家隔壁。只要讓外遇對象住在同一棟公寓、同一個樓層，即便時間短暫，仍然可以享受幽會的刺激，還可以在緊要關頭馬上回家。

妻子對丈夫的精心規畫感到愕然。之後，和彼此的親戚討論後的結果，丈夫選擇和情婦分手，為妻子重新改過，繼續這段夫妻關係。這個案例讓我發現，當事前驗證有明顯疑點、委託人也十分確信的時候，就應該正視其重要性。

## 覺得可疑而調查的結果數據

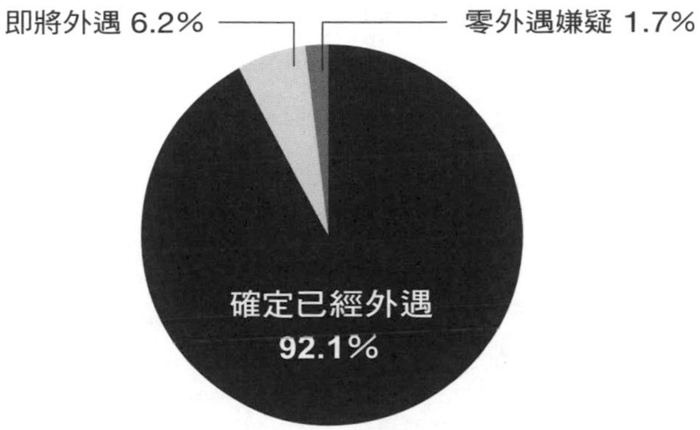


綜合徵信社 MR 調查。

實際調查後也發現，事前驗證時有出現疑點的案例中，約有九成正是外遇或出軌，而本公司的調查數據也可證實，發現丈夫或妻子的態度或言行舉止不太尋常、覺得好像有點可疑的時候，多半都是對方已經有了某些變化。

# 3 基本原則：不能將細節告知委託人

本公司在調查途中所取得的詳細情報，除非需要委託人協助，否則，基本上都不會報告給委託人，怕委託人將情報洩漏給調查對象。

例如，向委託人報告調查進度之後，委託人很可能不小心脫口說出：「老公，你昨天去了新宿，對不對！」、「老公你真的很蠢耶！被發現了都不知道！」之類的話，讓對方察覺自己被調查了。夫妻關係出現裂痕時，情緒往往會變得比較激動，容易脫口說出不該說的話。就如同電視劇《男人真命苦》的經典臺詞所說的：「真相一旦脫口而出，一切就完了。」一時疏忽的發言，不僅會讓外遇對象開始警戒，也會無法順利調查。

調查員的基本原則，就是嚴格遵守保密義務，對委託人絕口不提，同時也嚴格保護委託人隱私。在公司剛成立的初期，我曾經在調查中途向委託人報告進度，結局很糟糕。

## 洩漏情報的大嘴巴

那是妻子委託我們調查的案件。這對夫妻的關係已經降至冰點，幾乎只要一見面就會馬上吵起來，調查員們都知道他們夫妻的狀況，然而，委託人卻再三聯絡，希望可以隨時把調查現況回報給她。

如果是現在，當然是絕對禁止隨時把調查情報提供給委託人。但當時我們還沒有建立自己的專業規範，基於顧客服務的一環，便將部分調查狀況提供給委託人。

結果那天晚上，丈夫比平常早回家，妻子就嘲諷他說：「唉唷？今天這麼早喔？被甩了吧？」兩人對話因而演變成激烈爭吵。最後，妻子居然親口說出，自己委託了徵信社。兩人你一言我一語的互不相讓，那天晚上爭吵得十分激烈，連街坊鄰居都能聽見。或許是因為想說的話，終於得以一吐為快的關係，丈夫突然沉默下來，然後開始努力說服妻子，表示那些質疑全是不實的指控。

不知道為什麼，丈夫的那番說詞居然打動了妻子，隔天，妻子來跟我們說：「我老公跟我發誓，他絕對沒有外遇。我們夫妻已經和好了。」妻子相信丈夫是清白的，我們也因此停止調查。儘管一切都是洩漏調查情報所致，但是，只要他們夫妻能夠重修舊好，應該也是值得慶賀。

之後，兩人結伴前來公司，表示希望聽取一下當初的調查報告。為預防萬一，在提出中斷調查的調查報告書之前，我們向妻子再三確認，妻子回答：「我們之間沒什麼好隱瞞的，沒關係。即便他曾經有過其他女人，但現在不會了。」妻子似乎十分安心，但丈夫似乎有點不安。「他發過誓，絕對沒有做背叛我的事。」妻子全心全意相信丈夫。

承辦人提交了報告書，而裡面夾著一張丈夫和女性在暗巷裡互相擁抱的照片。看到那張照片後，妻子瞬間臉色大變。

「你之前是騙我的吧？」「不是，這是誤會！」兩人之間流竄著冰冷的空氣，彼此搶奪著報告書，而後離開。雖然他們恢復了正常生活，但聽說妻子還是持續懷疑、監視著丈夫的一舉一動。

為避免發生這種料想不到的肥皂劇劇情，防止事態趨於複雜，還是應該澈底實施資訊管理。調查員如果沒有嚴加管理，就很容易調查失敗，不得不注意。

# 4 違反善良風俗的委託，我不接

如果說，向委託人聽取事前情報，是調查工作的第一步，那麼，徵信社接下來該做的事情，就是了解委託調查內容的真實性。

有時候，委託人口中的事實真相，很有可能是虛構出來的。委託人可能因為心病而妄想，說起話來顛三倒四，更嚴重的情況是，明明自己單身，卻成天煩惱丈夫或妻子外遇。如果委託人說自己的丈夫或妻子是個知名藝人，馬上就能分辨出真偽，但如果無法馬上判別，就應該在得知談話內容是虛構的時候委婉拒絕。

曾經有地方議會的相關人士，希望能調查敵方陣營候選人的醜聞，或是一般民眾希望調查藝人的私生活。可是，這種案件牽扯到社會公平正義的問題，而且委託人和調查對象之間並沒有利害關係，所以我們都會婉拒這類的案件請求。

調查員這個職業的確是窺探個人隱私。但前提是為了闡明真相、積極朝向未來邁進。如果缺乏道德倫理，只以賺錢為優先的話，只會讓調查員失去熱情。

## 感覺案情不單純？我們會馬上報警

委託人屬於反社會勢力，或是調查案件與黑社會相關的話，我們也不受理。只要在調查過程中察覺，我們就會馬上撤回調查員，若感覺案情不單純的話，則會馬上報警。違反善良風俗的委託、非法調查，我們都會斷然拒絕，這就是調查員的矜持和驕傲。

## 是否有簽訂正式合約？

受理調查委託後，本公司會請委託人詳閱合約，並簽名蓋章。除了確認費用和調查範圍之外，同時也意味著委託人已經做好準備。

調查有外遇嫌疑的配偶時，委託人的心聲通常是：「希望這一切都是假的」、「希望是我誤會了」。可是，當調查結果證實是外遇時，有些人還是無法接受。我了解那種沉痛的心情。調查員每天疲於奔命，辛苦收集的調查結果，總是殘忍的告訴委託人，這一切都是不爭的事實。正因為如此，我們必須讓委託人做好接受調查結果的心理準備，因為沒有人知道結果會是如何，而我們也會提出足以證明事實的證據，所以，我們會要求簽訂合約，請委託人做好接受現實的心理準備。

今後要如何運用調查結果，全由委託人決定。如果可以，我衷心希望每個委託人都可以踏上幸福的道路。

# 5 有力的證據與薄弱的證據

各種事前驗證、調查員必備的確認事項，全都確認完成後，就可以正式開始調查。那麼，該從哪裡著手？

1. 確認作業：

合約簽訂後，進入正式調查之前，有一件事非做不可，那就是事前調查對方的上班時間、路線等必要事項。

根據調查對象的資料鎖定人物，比對照片和本人，由多名調查員客觀確認，也是不可疏忽的作業。工作地點、搭車的車站或交通工具、工作內容等，反覆確認基本情報，更是初步調查的重點。

2. 二十四小時跟監和埋伏：

對調查對象的行動模式已有某種程度的了解，同時也知道外遇對象是什麼人的時候，就要採取跟監與埋伏，藉此掌握外遇證據。

鎖定外遇對象之後，就要幾乎二十四小時、形影不離的跟監調查對象，滴水不漏的觀察調查對象的行動。如果遲遲無法得到結果，調查員就必須重新建構調查行動。確認搜查方向是否有錯、是否有遺漏的時段或是地點。多方面反覆驗證，重新擬定計畫，然後再次重新調查。

3. 調查結果總結：

取得可以向委託人報告的調查結果後，例如，需要外遇的證據時，我們會透過全體會議驗證證據的真實性與價值。證據的價值是指，確實有調查對象外遇的鐵證，像是進出賓館或對方住處等，足以證明兩人長時間獨處的照片或影片，必須有足以明確辨識調查對象和外遇對象的清楚證據才行。而這些證據是以什麼樣的調查方式取得？是否合法？所有相關資料都必須彙整在報告書裡。

**★可作為證據的有效資料**

進出賓館的影片、照片。

**☆證據力薄弱的資料**

- 有外遇嫌疑的對話紀錄。
- 信用卡的刷卡紀錄。
- Suica（類似臺灣的悠遊卡）等的使用紀錄。
- 電子郵件的往來紀錄。
- 有編輯或加工嫌疑的影片或照片。
- 日記、部落格，或小說等創作物。
- 第三方的目擊證詞。
- 非法取得的證據（竊聽等）。
- 傳聞或謠言。

**除了進出賓館的影片或照片之外，其他資料都無法成為婚姻不忠的關鍵證據**，但是，我們還是會將其彙整在報告書裡面，作為佐證資料。

4.向委託人報告：

報告書彙整完成後，我們會請委託人前來公司，讓委託人檢視那些證據影像，並提交報告書，同時向委託人說明調查經過。由於報告內容往往令人震驚，所以在報告時，我們會格外謹慎，注意正確性和客觀性，盡可能淺顯易懂的說明。

負責調查的探員和專業諮商師都

會積極參與，撫慰委託人情緒高漲的心靈，適當的給予關懷。

5. 給委託人的建議：

最後就是委託人的選擇。委託人會根據我們所蒐集到的證據，決定離婚，或是復合，又或者假裝不知道，繼續維持現狀，一切決定全交由委託人。

如果委託人希望離婚，我們會盡可能提供協助，介紹負責處理離婚訴訟的律師或是行政書記官。如果希望復合，經驗豐富的諮商師會給予相關建議，幫助委託人面對那些心靈創傷，改善已經亮起紅燈的夫妻關係。

最麻煩的是，儘管外遇事實已經攤在檯面，委託人仍決定視而不見，選擇維持現狀。這種情況多半是因為妻子必須仰賴丈夫的經濟，才會有這樣的決定。可是，對外遇視而不見的做法，絕對是百害無一利。

如果可以，建議還是鼓起勇氣，把一切事實攤在陽光下，然後好好溝通，不該把外遇視為夫妻之間的禁忌話題。正因為克服這一段磨難，彼此的情感才會更加深厚，有許多夫妻都因為這樣而修復了彼此的關係。

成為調查員的動機

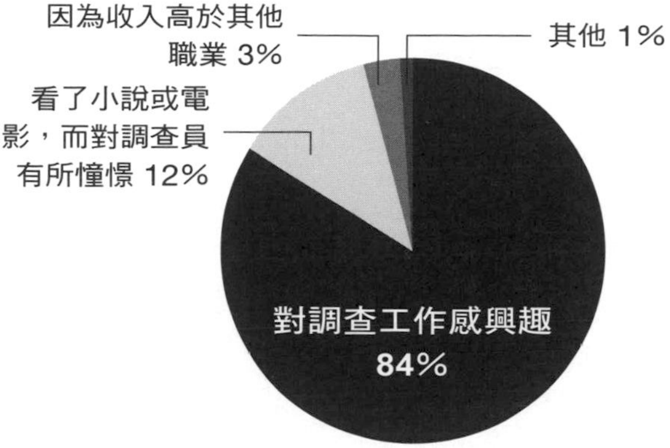


綜合徵信社 MR 調查。

衷心希望大家都能為了未來的自己，做出正面積極且幸福的選擇。

## 成為調查員的動機

「為什麼會當調查員？」我對本公司的調查員做了問卷調查。

調查結果得知，有八成的調查員都是因為對調查工作感興趣，才會選擇這項職業。排行第三的原因是收入高，不過比起經濟因素，更多人是為了追求工作價值，而選擇成為一名調查員。

順道一提，回答「其他」的人，

過去曾是本公司的委託人，後來也加入了本公司。正因為曾經委託過，實際了解調查員的工作，所以才希望成為調查員。若以經營徵信社的觀點來看，光是看到調查員的職業受到矚目，且有很多人希望成為調查員，就很令人開心。

# 6 聽懂業界用語

調查時，我們會使用業界術語，為了讓大家更了解徵信社這個職業，這裡就來介紹一下吧！

- **切換監視**：兩名調查員進行埋伏時，告訴搭檔自己要暫離監視崗位，請搭檔接力監視的暗號。
- **一對**：第一調查對象的簡稱，指委託人委託調查的對象。若是丈夫外遇的情況，一對就是指丈夫。
- **二對**：第二調查對象的簡稱。指第一調查對象和有外遇關係的情婦。
- **失尾**：跟監時，跟丟調查對象。對調查員來說，這是非常嚴重的失誤。

- **形跡敗露**：調查員的蹤跡遭調查對象質疑。
- **別窩**：調查過程中，查出情婦或重要關係人的住處。
- **長相確認**：根據照片，確認眼前的人物就是調查對象本人。
- **服裝確認**：難以透過照片辨識時，靠服裝照片鎖定本人。
- **工作追蹤**：跟監到工作地點，掌握職業或工作內容。
- **臥底**：隱藏調查員身分，嘗試攀談。

除了上述之外，還有很多各式各樣的術語，之所以會有這些術語，是為了避免調查員的身分在現場被察覺出來。不光是本公司，其他公司也會使用相同的術語，也有人認為這些術語是以警界流傳的用語為基礎所造。

## 7 埋伏就要躲暗處？正大光明才是首選

埋伏可說是至關重要的工作之一。埋伏必須長時間停留在特定場所，捕捉調查對象的行動或關鍵性的瞬間，所以調查員必須具備相當大的耐力。

那麼，最適合埋伏監視的場所是什麼地方？停車場或空地等視野良好的場所？或是窄巷等狹窄場所？

其實就是電影或連續劇裡也很常見的場所——電線桿後方。為什麼？因為視野良好的場所，很容易被調查對象認定為可疑人士，而房屋之間的窄巷，反而會因為視野狹窄而無法好好埋伏，還可能被當成可疑人士，遭到警方盤查。而電線桿後方出乎意料是個盲區，可以完美隱藏。就算被當成可疑人士，只要假裝打電話、滑手機、傳簡訊，就會被當成路人。

可是，電線桿後方僅限於沒有開車、單獨跟監的情況。

那麼，正在埋伏的調查員若是碰到下列情況，哪種對應方式比較正確呢？

**狀況一：埋伏期間，因遭附近住戶懷疑是可疑人士，而被住戶上前質問。這個時候，哪種對應方式比較正確？**

A　主動報上姓名，謊稱正在找尋離家出走的人，利用虛構案件來解開誤會。

B　偽裝成房屋仲介，告訴對方自己是來確認不動產物件。

C　假裝什麼事都沒有，無視對方。

答案是A，「主動報上姓名，謊稱正在找尋離家出走的人，利用虛構的案件來解開誤會」。

調查員經常會被埋伏地點附近的住戶質疑，「你在這裡怎麼久，請問是在做什麼？」有時也會有人在遠處觀察自己，又或是通報警方。

若碰到警察詢問職業的時候，只要出示員工證，告訴警察自己是調查員，就能順利過關。為了避免和其他住戶發生糾紛，就必須更換埋伏場所，有時還必須中斷當天的任務，擇日再重新埋伏。

因此，我總是要求調查員必須衣著整潔，在有人詢問的時候，微笑對應，讓對方理解自己並不是可疑人士。另外，埋伏的時候，有時也會特地拿點心去拜訪附近住戶，事先跟他們打聲招呼。即便是單純的埋伏工作，背後仍藏有看不見的努力。

**狀況二：在公寓前埋伏的期間，遭保全人員懷疑、質問。這時該怎麼回答？**

A　「我在這裡等朋友。」

B　「礙於職務，不便回答。」

C　「其實我是調查員……。」

如果長時間站在有保全人員常駐的公寓前面，肯定會受到質疑。因為現在公寓都有設置多部監視器，所以可疑的行動格外受人矚目。

這個時候，可以考慮每隔十五分鐘變更一次埋伏場所，或是盡量避開保全人員的視線。也可以刻意攜帶大型背包或行李箱，佯裝成第一次造訪的假象。只要對方誤以為自己剛從鄉下來到當地，還沒有找到落腳處或是迷路，一切就萬無一失了。

那麼，當保全人員質問時，該怎麼應對比較好？答案是A，我在這裡等朋友。不管是朋友、戀人、家人都可以，最重要的是做出一副等人的樣子，偶爾看看手錶，表現出一副「怎麼那麼久」的焦躁感，更添真實感。如果保全人員接著問：「你們約在這種地方碰面嗎？」這時只要回答：「認識的朋友買了房子，打算一起去那位朋友的新家看看，可是，知道地址的那個朋友還沒有到。」就能取信於保全人員。這種方法也適用於閒靜的住宅區。

接下來的問題就比較困難了。

**狀況三：在人來人往的街道進行埋伏時，怎麼樣才能避免讓旁人懷疑？**

A　喬裝成流浪漢，躺臥在路邊。

B　喬裝成交通量調查員，光明正大的埋伏。

C　在視野良好的咖啡廳窩上好幾個小時。

在人來人往的街道進行埋伏，相較之下會比較輕鬆，但是，絕對不能在咖啡廳或家庭餐廳。首先，餐廳本來就不適合長時間埋伏，且當調查對象有所行動時，調查員也無法第一時間反應。如果急急忙忙離開，不僅會引起騷動，結帳也必須花上一段時間。喬裝成流浪漢也不太適合，如果是尋常街道就算了，但如果是繁華的鬧區，恐怕會被警察驅趕。

最好的方法是B，喬裝成交通量調查員，光明正大的埋伏。我想大家應該都曾經看過，搬張摺疊椅坐在人行道角落，一邊扳動計數器，一邊計算車流量的交通量調查員，這樣的裝扮完全不會有半點違和感。儘管手不斷扳動著計數器，卻完全不看來往的車輛，身邊的路人也完全不會察覺，所以調查員就可以光明正大的埋伏，不論時間多長都沒問題。

**狀況四：埋伏被發現，被逼問：「你是徵信社的吧！是誰委託你的？」該怎麼回答？**

A　「你誤會了……我不是！」

B　「你在說什麼？需要一起去警察局嗎？」

C　「不好意思，我不能告訴你委託人是誰。」

調查員形跡敗露時，調查對象通常情緒會十分激動。正因為身處危險，所以更不應該向對方坦承自己就是調查員。從形跡敗露的那個瞬間開始，對方的情緒只會越來越激動，「什麼時候？」、「是誰？」、「委託了什麼？」在調查員完全坦白之前，對方是絕對不會善罷干休的。

既然如此，那該怎麼做才好？正確答案就是B，「你在說些什麼？需要一起去警察局嗎？」對調查員來說，在各種意義上，埋伏可說是風險最高的業務。而形跡敗露之後，應對方式就更加重要了，如果處理不當，就會影響到之後的調查。

因此，若想要有所挽回，就必須堅持自己是毫無關係的外人，表現出莫名其妙、一頭霧水、相當困擾的模樣，畢竟對方根本沒有確切證據能證明。裝出一副事不關己的態度，對方反而會心虛，心想「咦？難道是我誤會了？」如果對方仍語氣粗暴、態度強硬的話，報警才是明智之舉。可是，一旦形跡敗露，該名人員就必須退出該案件的調查業務。

前面已經列舉了各種在戶外埋伏的專業知識，那麼，在商店等室內埋伏又該怎麼做？

**狀況五：在餐廳或咖啡廳等人多的場所埋伏時，哪個位置最適合？**

A　調查對象正後方的座位。

B　盡可能遠離的位置。

C　可清楚看到調查對象動作的正面。

在餐廳掌握調查對象的行動，是相當普遍的事情。此時，調查員和調查對象處於同一個封閉空間，必須更加慎重應對，關鍵就是佯裝碰巧前往用餐的顧客姿態，自然應對。

話雖如此，畢竟真正的目的是監視調查對象，所以必須把調查對象放在視野內。如果在距離較遠的座位監視，中間會有其他客人，可能會因此產生視線死角。

如果從正面監視的話，則有很高的機率會形跡敗露，所以也不能那麼做。

答案就是A。不會被調查對象察覺，同時又能充分掌握情況的正後方座位。如果調查對象和外遇對象都在的話，他們的對話內容也能成為重要線索，所以選擇正後方的座位，就有機會錄下他們的對話內容。最重要的是不會被調查對象發現。

**狀況六：在車上埋伏時，怎麼做才不會被周遭的人懷疑？**

A　掀開引擎蓋，佯裝正在維修。

B　和女性工作人員假扮成一對情侶。

C　勤奮轉移場所。

埋伏通常需要花費相當長的時間，所以有時會躲在車上監視調查對象。這個時候，多半都是兩個人以上，一起乘坐一輛比較不起眼的一般業務用汽車，然後選擇附近的投幣式停車場，或是路邊不常出現取締員的場所。

停車時，駕駛必須坐在車上，這樣即使取締員出現，仍可以馬上移動。基本上只要馬上移動車輛，原則上是不會遭到取締。

汽車埋伏的好處是車上有冷暖氣。不論是酷夏或寒冬，都可以減少調查員的疲勞。就算被人注意到，也不會有人懷疑是在埋伏。可是，兩、三個強壯的男性調查員，文風不動的坐在車上，還是挺奇怪的，所以必須採取一些方法，避免遭到他人質疑。

那麼，什麼樣的做法最好？

掀開引擎蓋，假裝車子拋錨，基本上不太可能長時間停放，而且也可能出現好心人，雞婆的主動幫忙；勤奮移動車輛是汽車埋伏的基本原則，但那終究只是解決違規停車的應對方法。

最好的做法就是假扮成情侶。駕駛是男性，副駕駛座則是女性。只要彼此在車內開心交談，就算路過的人看到，也會以為那是一對難分難捨的情侶，所以才會一直在車上情話綿綿，這完全沒有半點違和感，所以答案是B。

最近，在埋伏作業方面，也引進許多先進的機器。例如，在深夜中監視調查對象時，就少不了夜視鏡。調查員定點監視為避免被質疑時，可以把微型攝影機架設在可接收到 Wi-Fi 的場所，然後再從較遠的地方進行影像監視。電子儀器和影像裝置的進步，竟成為調查員工作上的最佳幫手！

# 8 背熟長相，是跟監的第一步

另一個重要技能就是跟監。

跟監是在保持一定距離的情況下，一邊跟隨在調查對象的身後，同時密切觀察目標行動的監視方法。一旦成為調查員，就要馬上接受這項訓練，這可說是調查員的必修科目。最重要的是，如何長時間跟監，又不被目標發現。最理想的情況是，在掌握到關鍵性證據之前，都沒有讓調查對象察覺到自己正在被監視，過著一如往常的生活。

這裡就來教導大家相關的專業知識吧！

首先，跟監的第一步，就從「確認長相」開始。就如調查員術語中所說的，確認長相，就是根據照片來確認眼前的人物就是調查對象本人。多數情況都是根據委託人所提供的照片來判定，這時，要徹底熟記調查對象的長相，或是身體特徵。喜歡戴黑色粗框眼鏡、鬢角濃密、走路時右肩會有點斜垂等。就像《〇〇七》的詹姆斯・龐德，或是《不可能的任務》（*Mission: Impossible*）的伊森・韓特那樣，確實記下每個細節，只要閉上眼睛，就能馬上浮現出調查對象的模樣。如果沒有這項事前作業，就沒辦法在跟丟的時候，馬上找出目標。

經驗豐富的刑警，也會把通緝犯的五官和特徵牢記在腦中，如此一來，在路上巧遇犯人時，就可以瞬間辨認出。本公司的調查員同樣也學習了這樣的超高技能。

那麼，接下來是問題。

**問題一：多名調查員進行跟監時，最應該注意什麼地方？**

A　不要靠近調查對象。

B　經常多人一起行動。

C　不要停留在單一場所。

在行人比較稀少的地區，單獨跟監肯定馬上就被發現。因此，我們會動員數名調查員，而絕對不該犯的錯就是，多名調查員以團體形式進行跟監。如果有多數人與特定人物保持一段距離，並且持續跟在身後，路人肯定會覺得十分怪異。徵信人員一旦引起周遭注意或是懷疑，任務就算失敗了。

採取多人跟監時，要預先掌握街道地圖，然後將人員分散部署。一邊保持聯繫，一邊以接力的方式跟監，才是最佳做法。因此，正確答案是C，「不要停留在單一場所」。這樣一來，即便是人煙稀少的郊區鄉鎮，不僅不會引起調查對象的注意，路人也不會有半點懷疑。

步行方式的跟監，除了要有體力之外，還需要有一定的經驗。經驗越多，越是能夠解讀出對方的下個行動，也就能提升取得證據的成功率。唯有跟監過數百人，累積過無數經驗，才能夠達到跟監的最高境界。

可是，現代人幾乎都是搭電車、計程車或開車，所以調查員還必須學習交通工具的跟監技巧。這個時候，就會經常出現間諜電影中，跟監對象搭上電車，調查員馬上走進隔壁車廂，監視調查對象的場景。

以現實來說，本公司比較建議調查員和調查對象搭乘同一節車廂。尤其是東京或大阪等大城市更是如此。因為尖峰時段的電車太過擁擠，幾乎連站的地方都沒有，在乘客相互推擠的狀況下，如果搭乘隔壁車廂，反而會完全跟丟目標。因此，要搭乘同一節車廂，緊緊跟在調查對象身後。這樣一來，就連下車時也可以一起行動，就不會跟丟。

那麼，問題來了。

**問題二：跟監期間，必須搭乘電梯時，該怎麼辦？**

A　走樓梯，提早一步到各樓層。

B　共乘，面對調查對象的背。

C　在出口處等待調查對象回來。

對調查員來說，再也沒有比跟監時，必須和調查對象共乘一部電梯，更令人猶豫的情況。畢竟電梯空間狹窄，不小心被發現是在跟監或被懷疑的情況也不少。

「共乘？不共乘？」即便調查員心裡有猶豫，這種時候還是應該選擇共乘！走樓梯，檢查各個樓層太過耗費體力，如果調查對象的目的地是高樓大廈的最頂樓，肯定爬到一半就上氣不接下氣，而在出口等待調查對象出現也是徒勞。

正確解答是B，「共乘，面對調查對象的背」。面對背部共乘，在電梯裡面十分自然且肯定能夠看到樓層面板，藉此就可以確認調查對象準備前往幾樓，並在確認之後，按下該樓層的前一個樓層。如此，就可以比對方早一步出電梯，再走樓梯提早一步到該樓層（原則上是如此，但還是要依案處理）。

共乘電梯時，盡可能保持自然就沒問題。基本上，電梯通常都有多數人搭乘，且現代人很少會去關心同一棟建築物裡住著什麼樣的人，商業大樓就更不用說。

**問題三：跟監對象突然搭計程車離開，而調查員無法馬上追趕時，該怎麼辦？**

A　放棄跟監，等待下個機會。

B　推測目的地，然後前往。

C　記下車牌號碼，詢問司機對方是在哪裡下車。

首先，如果搭檔調查員的汽車或機車就在附近，就可以立刻上車追趕，但這種狀況並不常見。可是，如果因此放棄，那就太愧對於調查員的專業了。最重要的是，挖掘出調查對象搭計程車是要去哪裡。

推測目的地，前往該目的地，也不失為一種方法。但是，除非已經充分掌握到調查對象的行動模式，同時擁有大量情報，否則，基本上是徒勞無功。

正確答案是C，「記下車牌號碼，詢問司機對方是在哪裡下車」。在當天打電話去計程車公司，向司機詢問，「在○○載過一名男人……」，請司機告知對方是在哪裡下車。現在個資保護十分嚴謹，或許沒辦法那麼簡單就問到，但只要向司機詳細說明原委，對方還是會透漏一二。就算無法告知具體的下車地點，只要有大致範圍，還是可以作為參考，值得一問。

跟監，等同於自己要過著和調查對象一樣的生活，所以經常會碰到各種突發狀況。某次，調查員二十四小時持續跟監有外遇嫌疑的丈夫，那位丈夫非常喜歡喝酒，幾乎每個星期五都會喝個爛醉。

那一天，丈夫依舊買醉到清晨，只好搭乘早班電車回家。儘管調查員已經十分疲憊，仍必須跟監。喝得爛醉如泥的丈夫，在車站月臺上陷入半昏睡狀態，搖搖晃晃的等待電車，突然一個晃動，丈夫瞬間從月臺上摔落。一旁跟監的調查員嚇一大跳，連忙跳下月臺，在千鈞一髮之際，將丈夫救上月臺。

站務員不斷道謝，希望調查員告知姓名和地址，說是要給予表揚。可是，身分曝光會妨礙任務，所以調查員便堅持婉拒，然後結束了那一天的跟監行動。

某次調查對象是某大學的教授，所以調查員便以學生的裝扮，展開調查活動。結果，他結識了舞蹈社的學生，更在秀出一段月球漫步之後，因為拗不過對方的熱情邀約而加入社團。

享受了一段歡樂的舞蹈時光後，眼看著就快到放學時間了，這才回過神來，連忙回到原本的工作崗位。結果，當然是順利完成了任務。對有著娃娃臉的三十二歲調查員來說，雖然只有片刻時光，卻讓他再次回憶起難忘的青春。據說他至今仍忘不了當時那位舞蹈社的學生。

# 9 由女性負責訪查，對方容易卸下心防

繼埋伏、跟監之後，另一項涉及調查業務的任務就是訪查。訪查主要是蒐集調查對象的住處、上班地點周遭的地理環境、住戶情報。在訪查的過程中，若有願意提供協助的人士，有時也會盡可能和對方打好關係，藉此取得更多有利情報。

畢竟訪查都是接觸些不認識的人，所以對方往往都會有所警戒，這時候就必須有相當的技巧，可說是專屬於資深調查員的專業任務吧。

那麼，問題來了。

**問題一：訪查時，該如何在隱瞞調查員的身分下，個別蒐集情報？**

A　在訪查對象的附近租屋，成為當地住戶。

B　實施問卷調查，在問卷中暗藏可獲取特殊資訊的問題。

C　喬裝成推銷員，透過銷售業務打聽情報。

蒐集的成敗在於，談話可以深入到什麼程度。當然，如果直接說：「我想向你打聽一下〇〇先生（小姐）。」肯定會遭人懷疑，馬上就會被發現自己正在調查這些人。如果是警察，自然另當別論，但調查員並沒有公開調查的權限。正因如此，就必須從閒話家常切入，等對方卸下戒心之後，再慢慢深入問題核心。

承租公寓，成為當地住戶，這個做法既勞民又傷財，基本上不可能選此種做法。問卷調查也是，問卷調查通常會被誤以為是某種商業推銷，所以經常會被拒絕，效率並不好。

喬裝成銷售商品或保險推銷之類的銷售員，個別訪查調查對象附近的居民，或是主動找出入的住戶攀談，是謀求溝通的最佳方法。一身西裝或套裝，面帶微笑交談。這種時候，過去曾有業務經驗的調查員，就能充分應用過去的經驗。因此，答案是C，「喬裝成推銷員，透過銷售業務打聽情報」。

這種方法也是可以讓對方卸下心防的一種技巧。

**問題二：訪查時，該怎麼做才能讓對方卸下心防？**

A　贈送禮品、點心。

B　請女性調查員同行。

C　把偽造的律師徽章別在西裝衣領上。

想必你一定知道答案了！

突然收到陌生人送禮、送點心，並不會讓對方卸下心防；明明不是律師，卻配戴偽造的律師徽章，即便不具名，還是會構成犯罪行為。因此，正確答案是B，「請女性調查員同行」。

只要和女性同行，在心理層面上，不論是什麼人，都會卸下心防。在談話過程中，只要提出「我也有小孩」，或是「物價上漲，生活很辛苦」等貼近生活的話題，就能讓對方敞開心房。

如果是男性調查員的話，即使說出相同的話題，也未必能夠讓對方接受。埋伏、跟監等需要體力的調查工作，通常都以男性為首選，而訪查調查則是女性比較占優勢。近年來，女性探員也有遽增的趨勢，可說是大幅提高了業界的戰鬥力。

# 10 我只要看你一眼，就知道你正在出軌……

調查員擁有十分驚人的洞察力，可以從對方的工作態度、臉部表情、姿勢、言行舉止，概略推測出對方的個性、職業、收入，甚至是喜歡的女性類型。

據公司的員工表示，有些調查員因為具備驚人的洞察力，光是看著街道上的情侶，就可以一眼看出他們是否屬於外遇關係。甚至，只要觀察男女一段時間，就能知道對方是否正在外遇。也有一種調查員，只要對方稍微提及自己的特徵或是內在，他就可以馬上感同身受，並接上對方的話題，很容易搭訕他人，調查員就是一種能夠培養出同理心和感性的職業。

只要對委託人的悲傷感同身受，再仔細觀察調查對象恣意妄為的行動，就能夠充分理解對方的悲傷，同時對他人更加友善，也有徵信人員是在每次各不相同的跟監行動中，慢慢了解這個社會。

說個題外話，有一位年輕調查員參加朋友主辦的聯誼，結果，光是調查員這個身分，就讓在場的女性深感興趣、主動找他攀談。他心想「調查員真受歡迎」，但也只有剛開始而已。當他開始一邊恪守保密義務，一邊談論經驗的時候，大家的興趣就會逐漸降低。

不管怎麼說，調查員的工作十分艱辛。委託人在得知真相後的一句「謝謝」，才是他們維持動力的最佳良藥。不難想像外遇對心靈所造成的衝擊，但是，真相也是讓今後的人生變得更加美好的試金石，只要能克服艱難，就能找到過去未曾見過的真正的自己。

有不少夫妻在發現外遇之後，不選擇離婚，而是選擇重修舊好。根據調查結果發現，只要能夠真摯面對不忠的配偶，夫妻間不管碰到任何問題，都能迎刃而解。

調查員在背後努力調查的同時，也衷心期盼所有人都可以擁有幸福的未來。

第四章

# 想加入我們嗎？徵信業員工需要的思想準備

# 1 調查員要學什麼？埋伏、跟監、訪查與蒐證

許多人都對調查員這個職業十分感興趣，卻對具體的工作內容，或是自己勝任與否感到不安，為此，本公司附設了專門用來培育人才的調查員學校。現任調查員會以講師的身分，親自教導前面所提及的埋伏、跟監、訪查、蒐證等專業知識。

課程共分成三個階段，從初級的「基本課程」開始，到正式學習專業知識的「獨立創業課程」（見第一九〇頁表格），各個課程都是以跟監、埋伏與攝影技術為主要科目。在可以學習到最高級技能的獨立創業課程中，針對希望成為一流調查員的人，開設了徵信社的經營課程，規畫出不同於其他公司的講座和實習課程。

畢業之後，學生若想獨立創業，本公司也會全力給予支援，幫助學員們成為專業調查員，讓他們得以發揮全力，協助客戶解決難題，在調查業務上更加活躍。

# MR 調查員學校的課程

| 前置課程 |
|---|
| 調查員概論、跟監課程 |
| 攝影技術與器材 |
| 調查員法規、刑法、民法、警察搜查法 |
| 行蹤調查 |
| 徵信調查與信用調查 |
| 公開招募與蒐集資料 |
| **跟監、埋伏、攝影實習【初級篇】** |
| 應用跟監技術與應用攝影技術 |
| 跟監時的說話技巧 |
| 應用行蹤調查 |
| 法人調查實務 |
| 竊聽、偷拍、電磁波探索 |
| 特殊器材 |
| 電話諮詢、電子郵件諮詢、面談技術 |
| 調查報告書 |
| **跟監、埋伏、攝影實習【中級篇】** |
| 應用面談技術 |
| 廣告策略 |
| 調查公司經營與事業計畫專案 |
| 創業相關文件等說明、結業證 |
| **跟監、埋伏、攝影實習【實地實踐】** |

正在閱讀本書的讀者們，或許也有人希望成為一名調查員吧？接下來就為大家說明，成為一名調查員必須具備的素質和思想準備！

# 2 我們在找個性不鮮明的平凡人

對調查員來說，必須優先恪守的事情就是保密義務，這個條件已經在書中提過好幾次。同樣的，了解法律、遵循法律，也很重要。畢竟在調查過程中，可能因為一時失察而做出違法行為。

調查員不是警察，調查員必須在法律允許的範圍內行動。在調查員學校裡，我們會徹底教導調查員必須遵守的法律，藉此提高學員們的守法意識。了解法律、遵循法律，可說是成為調查員的第一步。

那麼，調查員的業務規範適用於何種法律（以下內容僅適用於日本）？首先，就需要理解《使徵信業業務合法化的相關法律》（通稱《徵信業法》），其條文中所載明的內容。以下摘錄其中重要內容。只要閱讀這些內容，應該就能大致了解調查員的職業、社會性責任，以及法律所定義的輪廓。

**使徵信業業務合法化的相關法律（摘錄）**

一、本條法律之目的係，制定徵信業之必要規範，以謀求業務營運之合法化，從而保護個人權益。

二、在本條法律中，「徵信業務」是指，接受他人委託，以蒐集特定對象之所在或行動等，與該委託相關之情報為目的，透過面對面的訪查、跟監、埋伏等方法，實地調查，並向該委託人報告調查結果之業務。

這裡最值得注意的部分是，法令對「徵信業務」明確指出的內容。徵信業務被定義為，調查某特定對象之所在或行動，並向委託人報告調查結果。徵信業務往往被認定為是侵犯隱私的違法職業，但事實上並不是。

而訪查、跟監、埋伏是調查員的工作，這部分也獲得法律許可。但並不是任何人都可以成為徵信人員，因為是基於特殊情況而調查個人資訊，所以必須基於社會常識，具備堅守保密義務的堅強意志。這也是法令嚴格規範的調查員條件。

**使徵信業業務合法化的相關法律（摘錄）**

符合下列各項者，不得經營徵信業。

一、被監護宣告、輔助宣告之人，或是因破產而無法取得復權者。

二、遭處以監禁，或違反此法律規定而遭處以罰鍰，自該執行結束，或是未接受執行日開始起算未超過五年者。

三、最近五年期間，違反第十五條規定之處分者（根據第十五條對於違反徵信業法或其他法令者之規定）。

四、防止幫派分子之不當行為的相關法律（一九九一年法律第七十七號）第二條第六項所規定的幫派分子（以下稱為「幫派分子」），或是脫離幫派未超過五年者。

這項條文的內容十分嚴格，但基本上只要是個良好市民，就沒有問題。就如前面所說的，處理個人資訊的調查員，如果不懷好意，就可能遊走法律邊緣。現在徵信業法已經把惡質的徵信社完全驅逐，留下的幾乎都是正派經營，謀求社會貢獻的健全公司。因此，以法人形式營運，建構高度遵循法律的徵信社也不在少數。

例如，若委託人未成年，必定會與監護人聯絡，並請監護人簽訂合約。最近有許多國高中生因為霸凌問題前來諮詢，即便我們受理諮詢，但之後的調查還是需要與孩子的雙親溝通。

經常有人問，保密義務要堅守到什麼時候？一旦脫離調查員這個職業，就不用保密了吧？大錯特錯。透過調查員業務所取得的個人資訊，終其一生都不得洩漏。

正因如此，調查員才能夠真正幫助到那些哭泣的委託人，或是不知道該找誰傾訴的孤獨人們。調查員必須自我約束、擁有堅強意志，這是成為調查員的先決條件。那麼，什麼樣的人才適合當調查員？開朗、社交手腕很強的人？還是強壯、可靠的人？其實，**最適合當調查員的，是個性不鮮明的平凡人**。

有個性的人總是十分耀眼，但那樣的人並不適合當調查員，因為太容易引起他人注意。調查員的工作經常需要隱密行動。混進人群之中，越是不容易被發現的平凡人，越是具備成為優秀調查員的潛力。

只要願意，任何人都可以成為調查員，不過，如果要成為法律上所認可的真正的調查員，就必須根據《徵信業法》的規定，向各都道府縣的公安委員會提出「徵信業開始申請書」的文件。這是徵信社開業的義務，不論是個人或法人都一樣（在臺灣，只需申請公司註冊及商業登記即可營業）。

提出申請書後，就會分配到一組申請編號，而沒有編號的徵信社，肯定就是冒牌貨，請大家千萬不要上當。順道一提，綜合徵信社ＭＲ公司的申請編號是，「東京都公安委員會，徵信業申請證明編號第 30070058 號」，敬請大家安心。

## 3 除了抓姦之外的四大營業項目

學習了相關法律後，就要根據現任調查員的經驗來分析案例，學習貼近調查對象的方法。當然，就調查員這個職業來說，現場實習肯定比紙上談兵來得有效率。可是，在搞不清楚的情況下，還是需要一段時間才能夠正式上場。因此，我們會先講解理論，之後才會讓學員到現場實習，如此就能更快成為在前線活躍的戰力。

調查員學校的課程十分多元，這裡就先為大家介紹一下，在主要的個案研究中，有幾個令人意外、覺得居然連這種都要學習的案例。

在調查過程中，遭遇罪犯或是目擊非法行為時，可能讓調查毀於一旦。調查外遇，很少會碰到這種情況，但是，尋人搜查、調查未成年者的素行、霸凌的實際情況等，在調查這類案件時，有很高的機率會碰到違法現場。

## 目擊犯罪時如何對應？

為了掌握調查對象和外遇對象幽會的證據，調查員跟監外出的妻子。目的地是郊外的大型量販店。

妻子若無其事的在店內走來走去，從容不迫的把零食、便當、牙刷、洗衣精等物品放進購物車裡面，或許是因為正值購物的尖峰時段，她就直接走過收銀臺，冷靜的把商品放進袋子裡面。

「這難道是……偷竊？」調查員從頭到尾緊盯著妻子，妻子完全沒有結帳，直接走出店外。

這個時候，他基於「一旦目擊犯罪，就要馬上對應」原則，出聲喊住了她，同時也找來賣場負責人，並說明事情原委。之後，也通知了委託人，而調查就在這個階段結束了。

另外，某次承接雙親的委託，調查未滿十八歲的女兒的素行，結果目擊到女兒出入風俗店。跟監人員證實那名女兒正在店內從事色情服務後，馬上報警，後來發現那是間非法經營的風俗店。

最後，少女回到父母身邊，恢復正常生活。

**學習要點**

調查員經常會接二連三的碰到一些情況，需要在當下做出判斷，其中也有碰到調查得十分順利，卻因為調查對象有犯罪行為，而必須捨棄所有調查結果，碰到這種情況時，難免會猶豫不決。

可是，就調查員的立場來說，這是絕對不能退讓的原則。調查的成敗與否，攸關報酬的多寡，就商業層面來看，或許應該睜一隻眼、閉一隻眼，但是，調查人員同時也是擔負社會正義的一方，這個時候就必須下定決心報警。

## 運用高科技儀器

在現代的調查業務中，不可欠缺高科技儀器。尤其影像器材的攝影技術或知識，更是調查員的必修科目。

調查員的攝影機，有時也會使用可以安裝望遠鏡的高規格機種，可是，這類機種既大又重，沒辦法靈活活動，還會引人側目、反遭懷疑。現在市面上有很多小巧、高解析度的攝影機，所以主要都是使用這類機種。在緊要關頭時，手機相機也能派上用場。另外，影片比照片更具說服力。調查員在跟監或埋伏的時候，會把小型攝影機偷偷藏在背包裡面，以便隨時錄影。

除了機器的使用方法之外，調查員還必須具備攝影技術。他們必須了解怎樣才是最佳角度，因為沒有拍攝到臉部，那張照片就沒有價值。每位調查員都必須學習這些照片或影片相關的理論。可是，還有一件比技術更加重要的事——檢查電量和記憶卡殘量。

調查員在調查的時候，一定要檢查以下事項：

- 攝影機的電量是否滿格？
- 是否有備用電池？
- 是否裝上全新的記憶卡？
- 記憶卡是否格式化？
- 攝影機是否正常？

如果電量在跟監期間耗盡，一切就毀了。絕對不能因為怠忽充電，而讓前面的辛勞付諸流水，所以事前檢查非常重要，在調查員學校裡面，我們總是不厭其煩的一再提醒。

## GPS帶來團隊默契

除了攝影機之外，GPS（全球定位系統）也是調查員的強力夥伴。調查對象當然不用說，如果可以隨時得知正在跟監或埋伏的調查員的位置，就可以更快速的應付各種突發狀況。

在調查員學校裡面，我們也會用充分發揮ＧＰＳ效果的案例，教導最先進且有效的調查方法。

之前接到一件典型的調查丈夫外遇的委託，因為並沒有什麼特殊情況，所以就讓新進調查員獨自跟監，算是讓他藉此累積經驗。

調查對象是在一流企業任職的高階上班族。據委託人妻子表示：「丈夫是個擁有高學歷，自詡頭腦聰明、自尊心極高的人。」自以為聰明的人通常會有許多漏洞，甚至完全不會察覺自己被跟監。

原以為新進人員會因此而有所表現，沒想到跟監失敗，他把人給跟丟了。

不過，我們還是覺得有點奇怪。於是便找妻子詢問。「其實這是我第二次找徵信社。第一次的時候，也馬上就被他發現了。從那之後，丈夫就反過來調查我的行動。看來，他應該已經知道我委託你們調查他的事了。」這次的調查居然被識破了？我們決定組成五人小組，正式接受調查對象的挑戰。

我們的方法就是，把配戴ＧＰＳ的調查員安排在預測位置，由總部逐一傳遞每位調查員的位置資訊。也就是說，總部在收到他們的報告之後，會馬上通知下個跟監的調查員，一邊下達修正位置的指示，一邊跟監。

由於丈夫已經注意到自己被跟監，便開始隨機移動，一下搭乘電車，一下又轉搭巴士，甚至利用巷弄捷徑，但還是未能甩開一直保持密切聯絡、持續接力跟監的調查員。

經過三小時的跟監之後，我們終於補捉到丈夫進入情婦公寓的瞬間。這就是ＧＰＳ和調查員攜手合作的勝利。

**學習要點**

ＧＰＳ只要偷偷安裝在調查對象的汽車或是皮包等隨身物品上，就能發揮極佳效果，總部則可以一併掌握跟監調查員的位置，並告知正確的移動場所。另外，使用ＧＰＳ也能提高跟監的成功機率。

只要靈活運用先進儀器，就可以擴大調查員業務的可能性。就這層面來說，GPS的相關個案也很值得研究。

## 徵信調查的種類

徵信調查也是經常承接的業務之一。徵信調查就是，調查對象對外公開，或是利害關係人所談論的經歷、實績或社會上的信用是否屬實。

具體來說，有下列幾項：

1. 婚前徵信：

婚前徵信的目的是，確認結婚對象以及對方的家人、親戚、朋友。而最近增加的案件是調查對方是否為結婚詐欺師。

2. 融資徵信：

朋友向自己融資，卻擔心對方沒有能力償還，進而讓自己蒙受極大的損失，融資徵信就是為了降低那樣的風險。我們會根據負債金額，調查對方的年營業額或是年收入。

3. 人才徵信：

為了獲得工作能力絕佳的優秀人才，許多企業不惜重金招聘。正因如此，更必須確認對方是否真的具備豐富經歷，其學歷或資歷是否屬實。如此能減輕招聘人才的風險。

4. 企業徵信：

基於企業、法人的委託，調查往來廠商的事業沿革、業務實態與實績，以及是否與反社會勢力有所牽連。

這些調查都必須熟知相關基本法律。調查報告書裡面參考的文件，全都必須經由正當程序取得。

調查員進行調查的同時，除了律師、代書之外，有時必須視情況，和轄區的警察局合作才行。與那些專業人士合作、協調，也是調查員所不可或缺的能力。

接下來就透過下列的案例研究，來學習相關知識。

## 資料背景是真的，人卻是假的

某間中型規模的貿易公司，委託我們調查一名預備聘僱的籌備幹部。

該名籌備幹部的履歷表載明，畢業於知名私立大學，之後就讀美國哈佛大學商學院（企業管理研究所），取得ＭＢＡ（企業管理碩士）之後，在紐約的會計事務所任職三年。該公司並非不相信他的資歷，只是希望可以進一步證實他的資歷沒有半點虛假。

當然，該名籌備幹部已經有提出哈佛大學商學院的畢業證書影本，影本內容並沒有任何問題。調查員們也認為，既然都已經有如此榮耀的學歷，應該不至於是假的，不過，還是必須加以查證。

首先，我們走訪國內的某知名私立大學，在畢業名冊上面看到那名籌備幹部的名字，接下來請英語能力較好的調查員，直接打電話到哈佛大學，同時也用電子郵件進一步詢問，是否有位日本留學生A於○○年畢業？結果馬上就收到回覆了：「He exists.」（有的）。

以防萬一，我們還試著調查他在紐約任職三年的會計事務所。

就算他不是在那裡任職三年，只有兩年的資歷，又或者就算不是正式員工，而是一直擔任實習生，應該也不至於損害到他的資歷。

會計事務所回信了。可是，信件內容令人訝異：「你詢問的A先生，目前在洛杉磯分公司擔任高階經理。」的確有A先生這號人物，但這名A先生現在卻在美國工作。

那麼，眼前的這一位籌備幹部究竟是誰？

調查員繼續追查。結果，籌備幹部A先生是居住在洛杉磯的本尊的表兄弟。因為他們年齡相近，所以A先生就偷偷盜用本尊的戶籍謄本和畢業證書，藉此爭取到籌備幹部的聘僱機會。

在檢查了他的駕照之後，公司的人事經理也證實他其實是另一個人。結果他不僅失去了聘僱的機會，更因為偽造文書、詐欺等罪名而遭到刑事起訴。

**學習要點**

從這個案例便可了解，執行徵信調查的調查員絕對不可以有先入為主的偏見。不斷挖掘客觀的事實、找到真相，才能夠回應企業的委託。隨時警惕、注意，不要急於做出結論。不斷反覆思考所得結果是否沒有半點虛假。這是我們在徵信調查上，贏得廣大信賴的不二法門。尤其當調查結果攸關特定人物的人生時，即便可能為那個人的人生帶來負面影響，仍應該堅持挖掘出無法雄辯的鐵證，這就是我們應該學習的。

除了上述之外，調查員學校還有很多各式各樣的課程。首先，就是在教室裡面，把各種理論牢記腦中，之後實際學習跟監、埋伏、攝影等專業技能。新進員工會先進入調查員學校接受各種課程，訓練掌握距離感的能力與判斷力。可以順利從學校畢業、正式進入公司任職的人，大約只有二〇％左右。

光是從學校畢業，還是不足以成為前線調查員。唯有在實際任務中歷經失敗、成功，不斷成長茁壯，才能夠成為真正的調查員。那個過程與一般上班族的世界截然不同。肯定會遭遇到許多驚奇的事件與人生劇場，為自己帶來更深奧的人生意義。

對這個職業感興趣的人，要不要試著挑戰看看？

# 4 變裝三件組：眼鏡、帽子、夾克

調查員會把用來調查的各種道具裝進小背包裡面。

為了避免被調查對象認出是調查員，調查員也會攜帶變裝道具，俗稱變裝三件組。就體積小、不占空間，又能有效變裝的物品來說，眼鏡、帽子、夾克都是必備道具。

眼鏡會準備好幾支不同顏色的款式，帽子則是可以摺疊的鴨舌帽，夾克則是準備輕薄、可以放進背包的款式，在緊急時刻從背包裡取出，就可瞬間改變形象。

在間諜電影裡面，經常會看到太陽眼鏡，但對調查員來說，這反而過於顯眼，但在太陽光比較刺眼的夏天、周圍有較多人配戴太陽眼鏡的時候，就不在此限。

以前調查員會帶的道具，都是些比較笨重的物品，例如小型相機、無線對講機、錄音機、望遠鏡。可是，現在只要有掌上型相機（兼具拍照、錄影功能）和手機就足夠了。現在甚至連相機都可以省略，因為幾乎大部分都可以靠手機搞定。嚴格來說，與其說重要的是手機，不如說是安裝在手機裡面的應用程式。

那麼，調查員在調查的時候，都運用哪些應用程式？第二一三頁中的表格將會向大家介紹調查員必備的應用程式！

# 5 讓跟監效果提高好幾倍的五大配件

下頁表格是探員手機內會下載的基本 App（僅適用於日本）。乍看之下，幾乎和一般人會安裝的應用程式沒什麼兩樣，但只要有這些應用程式，就可以讓調查員的業務進展得更加順利。

徵信員也會有尋人任務，當目標失蹤過一段時間的時候，只要利用可以讓照片隨著年分變化的應用程式，就可以更容易鎖定本人。這個應用程式也可以用在尋找初戀情人的案件上。

如果戶外的網路環境不夠完善，就沒辦法保持聯繫。即便是現代，也常發生速度減緩，或是無法連線的情況。因此，建議隨身攜帶可攜式 Wi-Fi。只要有這個裝置，就能使用GPS功能，掌握調查員的位置，根據不同情況，也可以用來確保自

| 應用程式 | 功能 |
|---|---|
| ZENRIN 住宅地圖 | 可確認沖繩至北海道的建築物名稱、住戶名稱或門牌。 |
| 轉乘導覽 | 掌握調查對象的行蹤，提前一步到達目的地。 |
| 交通工具時刻表 | 網羅全國的所有時刻表。郊區跟監的好夥伴。 |
| Suica 程式 | 有這套程式，就能掌握全國的 JR、都市區的私鐵和地下鐵。 |
| 飯店預約 | 可以靈活運用在沒有事先預約飯店的跟監調查。 |
| 無聲相機 | 不會發出快門聲的相機。 |
| 錄音 | 錄音所需要的應用程式。 |

己的人身安全。

## 手機小工具有大功用

對調查員來說，手機是必備品，只要有手機，就能讓調查更加順利，而手機專用的小工具（配件），更是可以讓調查效果提高好幾倍的好用工具。這裡就依排行來逐一介紹吧！

第五名：手機放大鏡。固定在手機上面，就可以放大文字或影像，是年邁調查員的最佳夥伴。

第四名：迷你 Wi-Fi 攝影機。讓

手中的攝影機對著拍攝對象，調查員就可以透過手機確認影像，監視對方的行動。也可以運用於遠端調查。

第三名：夾式潛望鏡式手機鏡頭。可以讓相機鏡頭旋轉九十度。不需要讓手機鏡頭對準拍攝對象即可以拍攝。

第二名：附太陽能板的背包。只要背著背包走在路上，就可以幫手機充電，不用擔心電量耗盡。

第一名：手機鏡頭專用的望遠鏡頭。使用高品質４K光學鏡片的十二倍望遠鏡頭，可以拍攝出清晰畫質。

不一定所有現任徵信人員都會使用這些小工具，但是至少都會使用其中的一、兩款。

第二名的附太陽能板的背包，不僅可以當成背包用，還可以幫手機或筆電充電，對機動性偏高的調查員來說，可說是十分強力的夥伴。

第一名的手機鏡頭專用的望遠鏡頭，也是使用頻率極高的小工具，產品本身體積不大，攜帶方便。另外，還有不同機種可以更換特寫鏡頭，比起高階相機，這樣的小工具似乎更方便一些。

# 6 業務量第二的，是尋人

徵信社承接的委託案件以調查外遇居多，其次是尋人。

有時也會碰到有自殺可能、分秒必爭的案例。若是離家出走，有可能是有某種理由，或是心靈受創。這時，我們必須先向家人或親友澈底探查資訊，鉅細靡遺的掌握離家者的詳細概況。我們也曾在受理尋人搜查的當天，發現搜尋對象自殺身亡的遺體。因此，推斷離家者可能有生命危險時，建議儘早委託調查員，盡可能快速搜尋。

碰到有可能自殺的案件時，調查員總會廢寢忘食、不眠不休的持續搜尋，直到找到人為止。根據強而有力的目擊情報，連同離家者所在的車站周邊在內，進行地毯式的詳細搜查。

就拿某個尋人案件來說吧！當我們把詳細查問的內容，和根據行為側寫所推測出的行為模式交叉比對後，我們真的找到了呆坐在神社境內的離家者。當時，離家者手上抓著一個波士頓包，裡面就放著一條繩索。一問之下才知道，對方原本打算找個靜僻的場所上吊自殺。如果調查員再晚個十分鐘，或許這個尋人案件就會變成刑事案件了。

搜尋離家者，就像是一齣齣人生劇場。尋人搜查都是如何推動的？這裡就根據不同的人生劇場來介紹吧。

## 一張照片馬上鎖定場所

最近有很多離家者，雖然沒有告訴雙親自己身在何處，卻會把照片上傳到ＩＧ之類的社群軟體。可是，父母並沒有使用社群軟體，根本無法掌握孩子的動向，再加上朋友也會站在離家者那邊，幫忙隱瞞實情。

年輕的離家者（高中輟學，或是愛玩的女孩）大多是和男朋友在一起，也有人會跑去風俗店工作。調查員會把離家者當成自己的孩子一般，希望盡快找到他們，讓他們的人生走向正軌。

就如前面所說的，那些女孩的生活絕對脫離不了社群軟體，但是，就算找到離家者的社群帳號，他們所上傳的照片也會刻意隱瞞自己的所在地。這種時候，就要想辦法從一張照片裡面，找出任何可能的線索，藉此得知所在地點。

例如，招牌上的Logo、後方遠處隱約可見的電車顏色、軌道的數量、公寓建築物的外觀等，只要和街景加以比對，就可以進一步鎖定場所。可是，這種調查方式會耗費大量精神，也需要有毅力。當然，也可以先把範圍縮小到某程度之後再調查，但還是會有種大海撈針的感覺。

某次，離家女孩在ＩＧ上傳了照片，然後在貼文中標記「搬家了」。照片裡面是空無一物的空房間。除了窗戶外面的風景，照片中還有室內的細部、些許的陽臺角落。從照片中可以發現，那是間全新的建築。

我們先根據那張照片上面的線索，透過街景服務和其他資訊，把搜尋範圍縮小到某個區域，然後再進一步找尋周邊全新建造的單人公寓，取得該公寓內部的不動產資訊，進一步比對照片和公寓內部的隔間，甚至是建築物的局部，就可以成功鎖定住所。只要根據照片的角度，就可以判斷出離家者住在哪層樓的幾號室。

於是，我們馬上前往那間公寓，按下電鈴，果然找到了本人。才知道女孩為了供養男公關，而在風俗店上班。調查員只能請女孩和雙親好好溝通，祈求女孩能夠回歸正軌。

## 小心協助者太熱心

執行尋人搜查任務時，調查員有時會混進膠囊旅館或網咖，找店員打聽一些情報。其中有不少店員會在知道我們是調查員之後，熱情的提供協助。

某次，調查員前往網咖調查，在那位調查員把離家者（二十歲女性）的照片拿給店員看之後，得知那名離家者會定期前來消費，每次大約會住宿兩天左右。「賓果！」他的心情大為振奮，於是就留下名片，請店員在離家者出現時通知自己。

數天後，店員主動聯繫：「那個女的來了。」調查員馬上驅車前往，結果發現那名店員正站在離家者的包廂外面監視。一看到他出現，店員就突然出聲大喊：「這裡、這裡！」如果被離家者聽到的話，很可能會驚動她，但他又不能責怪好意幫忙的店員，只能用手勢制止店員，然後看好時機，敲了敲門。

結果走出包廂的人完全不是那位離家者。這是因為店員太過於急公好義的關係，不過，調查員也不好過分苛責。這個經驗讓調查員得到教訓，今後向店員打聽消息時，還是應該更加慎重才是。

順道一提，據說那位離家者是和她男朋友私奔。之後在雙親的勸說之下，終於和男朋友分手，平安回家了。

## 找到離家兒子，關鍵竟是腳踏車

雙親委託我們尋找因為人際關係，而離家出走的二十歲兒子。於是就由公司裡最擅長該領域的三名調查員組成了特搜小組。

案件一開始搜索，就馬上取得重要情報，因為離家者把銀行存摺放在家裡，所以可以馬上查出離家者提領現金的分行。

特蒐小組在離家者可能現身的銀行分行埋伏數天，但是，離家出走的兒子卻完全沒有出現。「真的在這附近嗎？會不會已經轉移到其他地方了？」特蒐小組決定重新尋找其他的方法，結果得知離家者當初是騎腳踏車離家出走的，再加上雙親當初有幫腳踏車辦理防盜登錄，搜查進度便因此有了大幅躍進。

調查員澈底搜查銀行分行周邊的車站、公車站等停放腳踏車的場所，結果，在地下鐵車站前面的幾百輛腳踏車中，找到了委託人的兒子離家時所騎乘的腳踏車。調查員便在該地點埋伏，果然發現了他的身影。

「你是○○先生吧？你的雙親很擔心你。請和我們談談吧！」特搜小組組長主動上前詢問，對方並沒有絲毫抵抗。仔細詢問後才知道，他和雙親之間的惡劣關係，才是他離家出走的原因，所以他並不想回家。

我們馬上告訴雙親已經找到人，可是，我們也可以理解委託人的兒子的苦衷，所以調查員便居中協調。多觀察了兩、三天，也催促他主動回家。最後，在調查員的極力勸說，以及雙親的親情吶喊之下，委託人的兒子終於平安回家。

離家者的搜查案件形形色色、各式各樣。曾經也有妻子委託我們找尋失蹤的丈夫，結果，丈夫住在停放在河床上的汽車裡面，成了無家可歸的隱居者。還有一個奇怪案例是離家者在自家公寓的配電室裡面住了好幾個星期。

中年以上的男性離家者，多半都是窩在郊區的溫泉旅館，或是水壩工程的宿舍等提供食宿的地點。許多人都會刻意隱瞞自己的身分，而雇主本身也不會太過在意，又或者佯裝不知情。

不管哪一種形式，許多人都是因為對人生感到疲累，或是對自己與家人之間的生活感到絕望而離家出走。接觸越多尋人案件，越是能窺見到現代社會的疲累。可是，順利找到離家者、看到離家者和家人喜極而泣，共同面對未來的情景，對調查員來說，就是最令人開心的一刻。

# 7 尋找失蹤者，就輪偵查犬上場

為了提高調查的精準度，本公司總是積極導入最新儀器，除了先進儀器之外，只要具備強大戰力，即便是傳統方式，本公司仍然會加以採用。其中之一就是徵信業界首次採用的偵查犬。

採用的偵查犬的契機，源自於二〇一一年三月十一日發生的日本三一一大地震。因為親眼目睹救災犬的英勇，所以才會決定採用偵查犬。本公司的偵查犬，是栃木縣民間警犬訓練所培訓的德國牧羊犬，牠的名字源自小說家亞瑟·柯南·道爾（Arthur Conan Doyle）筆下的人物，也就是貝克街的名偵探「福爾摩斯」。

據說，狗的嗅覺能力優於人類一百萬倍，我們認為可以在尋人搜查案件上，充分運用這項特殊能力。狗的品種很多，其中被訓練成警犬的品種就屬德國牧羊犬最多，因為牠們擁有高智慧、強烈的責任感，因此非常適合擔任偵查犬。

電視劇裡面經常看到讓警犬聞鞋子的場景，但其實**最容易沾染氣味的物品是枕頭套**。因為長時間沒有清洗，又長時間使用，所以氣味鮮明，可以更有效判別。在不容易行走的深山或森林裡進行搜索時，人類完全無法判斷失蹤者往哪個方向走時，就可以靠偵查犬開闢出尋人道路。

某次，調查員跟隨失蹤者的足跡，來到郊區的小鄉鎮。可是，卻不知道之後該往哪裡走，這時，就輪到偵探犬上場了。我們請失蹤者家人提供失蹤者的枕頭套，讓福爾摩斯聞氣味，再從最後目擊到失蹤者的地點重新展開搜尋。

偵查犬沒有半點猶豫，一邊聞著失蹤者殘留在地面上的氣味，大約走了兩公里左右，來到了一片茂密的竹林。由於竹林十分茂密，我們決定分頭進行，先讓偵探犬走在前面，我們則在後面操控小型無人機。一邊讓無人機在竹林間穿梭，一邊確認手邊收到的影像。來到竹林深處後，映入眼簾的是一片寬敞的河岸。這時，偵查犬開始激動的吠叫。

無人機拍到蹲在偵查犬旁邊、一臉驚恐的失蹤者。於是，調查員馬上從另一條路徑來到河岸，證實那個人就是我們要找尋的失蹤者。順利避開了自殺這種最糟糕的結局。

偵查犬對調查員的調查來說，可說是受益無窮。

# 8 總部在美國的世界偵探協會

本公司是世界上擁有最悠久歷史與規模的世界偵探協會（World Association of Detectives）的會員。

世界偵探協會成立於一九二五年，總部位於美國。每年都會舉辦一次會員大會，與全球超過七十五個國家的徵信社接軌，交換各國情報。

徵信社的業務內容和被賦予的權限，會因為國家而有不同。例如，美國的調查員跟警察一樣，允許持有槍枝，甚至在某些州還能參與犯罪調查。若要在美國加入徵信業，就必須在當地擁有多年經驗，具備法律和科學搜查等高度知識，並通過相當困難的考試，也會嚴格審查道德倫理方面的素養。成為調查員之後，就必須隨時面對危險的業務，有時需要追捕毒販，有時則必須尋找正在逃亡的殺人犯。

難道沒有調查外遇、出軌的業務嗎？還是有專門處理這類業務的調查員，由於美國可以請求的贍養費比日本高出許多，所以在蒐證方面也就更加嚴格。在婚姻外遇的刑責方面，也是各國有異，菲律賓最長可處以七年徒刑；沙烏地阿拉伯、伊朗等伊斯蘭教國家則會處以徒刑或死刑。不論是調查員也好，外遇也罷，都會因那個國家的文化或法律而有不同。

# 9 急遽增加！跟蹤狂騷擾案

在本公司受託的案件當中，因跟蹤騷擾而受害的女性，有逐年增加的趨勢。騷擾者會突然打電話，表示自己正清楚掌握委託人的一舉一動，還會不斷發送偷拍照片，有時甚至還會在網路上惡意誹謗、中傷委託人。

確保這些受害女性的安全，揪出跟蹤騷擾的犯人，也是調查員的任務。現在就根據實際發生的案例，來看看應該採取何種對策！

## 恐怖！跟蹤狂的真面目

委託人是離過一次婚、育有孩子的三十歲女性。因為接到無聲電話、腳踏車座椅遭人割破、小孩的三輪車被人塗鴉，而向警方舉報自己遭某人跟蹤、騷擾，但警方只是加強巡邏，完全沒有協助搜查犯人。因為孩子還小，所以就委託本公司協助搜查犯人，以避免危害程度更加升級。

當委託人回到家，那名跟蹤狂就會用公共電話打電話到委託人家中，用變聲器跟委託人說：「妳回來啦！」讓委託人知道，自己的行蹤完全被對方掌握在鼓掌之間。這種恐怖騷擾幾乎天天發生，心生恐懼的委託人便向當時正在交往的男友求助，請男友在她下班時送她回家，並在家裡停留一段時間。確定跟蹤狂沒有打電話之後，男友才會回家。

某天，男友在家的時候，跟蹤狂打電話來。一聽到接電話的人是男友，對方馬上掛掉，這時，男友看到外面有個詭異的人影，馬上追了過去，卻遭跟蹤狂痛毆一頓，當場倒地不起。原本委託人打算報警，男友卻斷然拒絕，表示不希望引起太大的騷動。

聽到這一切，調查員嗅到了一絲可疑的氣息。

「這個男朋友很奇怪。」於是，調查員就和男友一起送委託人回家，然後假裝返回徵信社，實際上則是埋伏在門外。結果，男友走出委託人住處後，馬上走進公共電話亭撥打電話。同時，另一名調查員則進入委託人住處，確認家裡電話確實有響。委託人接起電話後，男友馬上使用變聲器說：「妳就算找徵信社也沒用的。」我們馬上鎖定了男友。

我們把委託人和男友約到附近的咖啡廳，並告知我們發現到的事。男友連忙開口道歉並坦承，剛開始只是想要引起委託人注意，之後就漸漸出現跟蹤狂的行為。遭毆打也是請朋友假扮成跟蹤狂，自導自演的一齣戲。委託人深受打擊，之後，以不報警作為條件，男友承諾今後不再騷擾委託人，就這樣分手了。

跟蹤狂和受害者肯定曾在某些地方有所交集、接觸。也就是說，跟蹤狂絕對不會是陌生人。例如曾見過一次面的某廠商的員工、曾經上門推銷的推銷員、在公車站經常碰到的學生，甚至還曾碰過令人難以置信的案例：跟蹤騷擾的犯罪者居然是公寓管理員。

跟蹤狂的心理看似複雜，卻相當單純。就跟前面的案例一樣，希望喜歡的女性「注意自己」、「希望能更進一步」，當這種想法太過強烈，又遭到拒絕時，態度就會瞬間轉變、具有攻擊性。就像任性的孩子一般，「如果不順我的意，我就欺負你喔！」這種自我中心的表現方式，往往就會演變成膽大妄為的騷擾行為，而受害者不安、惶恐的模樣，會進一步激發出跟蹤狂的虐待狂慾望，甚至產生快感，瘋狂的程度就會逐漸升級。

在跟蹤騷擾的調查中，調查員也必須理解人類的心理。在受害者上下班的時候，時刻跟隨，並仔細觀察周遭是否有人正在監視受害者的一舉一動。或者，徹查受害者的交友關係，仔細分析對話內容，即便是感情十分要好的朋友，仍然可以找出形跡可疑的人物。

我們也曾碰過疑似跟蹤狂的人委託我們調查特定女性，這個時候，我們會推測其是跟蹤狂的可能性、釐清委託人和調查對象的關係，了解對方是基於何種目的。

如果是希望調查以結婚為前提的女朋友的素行，為了調查其關係是否屬實，我們會一併調查其周邊的朋友、親屬。唯有確定委託人的委託內容毫無問題、一切屬實，我們才會繼續調查。

總之，不論是社會地位也好，名聲威望也罷，這些虛名永遠無法作為判斷人性好壞的標準。任何人都一樣，一旦不被肯定，就可能成為跟蹤狂，在精神層面上迫害受害者。為什麼？因為每個人都跟《變身怪醫》（*Jekyll & Hyde*）一樣，擁有善與惡兩種面貌。

# 10 高富帥不會從天而降，小心結婚詐欺

報紙或新聞等媒體經常報導，現代男女晚婚、不婚主義的趨勢，正逐漸加速社會的少子高齡化。與此同時，以女性為目標的結婚詐欺則有逐年增加的趨勢。只要將這兩個事實放在一起，就能得到一個結論：「女性希望走入婚姻，卻又不想降低標準。」這種想法就會讓結婚詐欺師有機可乘。

對於追求理想伴侶的女性來說，婚姻介紹網站或相親派對，都能夠提高邂逅率。對感嘆邂逅機會太少的女性來說，這些地方宛如救世主降臨，但若換個視角，這裡同時也是結婚詐欺師的最佳狩獵場。

其中最受歡迎的，是僅限高年收入的單身富豪派對，以及僅限醫師或律師等，擁有高收入與崇高社會地位的男性加入的網站。聚集在這些地方的女性也非常有品

味，她們追求三高（高學歷、高收入、高身高），堅守理想，決不妥協。

對詐欺師來說，這些女性就是他們的獵物。他們會用盡各種花言巧語哄騙那些女性，例如「年收入三億日圓」，或是「美國腦外科醫師」之類的，他們能夠面不改色的說出那些荒誕無稽，甚至讓人懷疑的內容。

企圖抓住理想男性的女性，一旦碰到形象不錯的帥哥，馬上就會深信不疑。「是真的嗎？如果是真的，那就太棒了！」剛開始可能只是觀望，過一段時間之後，就會變得深信不疑，這就是人類的心理變化。當希望變得強烈，人就會把心裡希望的事物（以此例來說，就是和自己結婚的男性條件）當成事實。

結婚詐欺師非常了解那種女人的心理，所以他們總是可以舌粲蓮花，一次又一次的編造出滿足理想的故事。很快的，那名女性就會成為詐欺師的囊中物，一心想著和對方結婚，並且努力滿足對方的金錢需求。

明明年收三億日圓，怎麼可能會向女性索討五十萬日圓、一百萬日圓？可是，他們總會用一些難以理解的藉口圓謊，例如「身上沒帶現金」、「因為投資股票，所以無法掌控收入」等。如果懷疑，對方就會攻擊女性的弱點，「那結婚的事就一

**特殊詐欺的判定件數**
**（未包含匯款詐欺以外的未遂案例）**

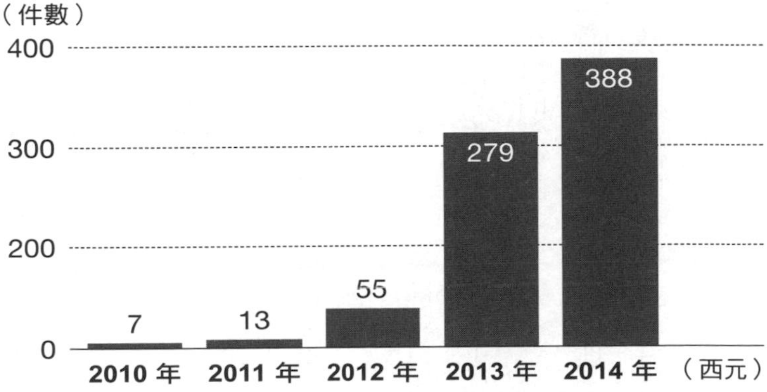


摘錄自日本警視廳，特殊詐欺判定與檢舉狀況。

筆勾銷吧！枉費我那麼愛妳，卻遭妳懷疑。」因為女性急著想結婚，就算覺得奇怪，還是沒辦法離開對方。

要讓抱有和心目中的理想男性陷入熱戀的女性受害者清醒是十分困難的，當家人、朋友或親屬從客觀角度觀察，感到事有蹊蹺時，家人就會委託我們調查對方。在類似事件不斷增加的同時，近年的相關調查案件也有持續增加的趨勢。

另一方面，因結婚詐欺而受害的，不光只有女性。也曾有富豪的獨生子，才剛繼承了一大筆遺產，就全被女詐欺師騙光的案例。

這邊就介紹幾件由本公司經手，男性成為受害者的結婚詐欺案例調查吧！

## 吞噬資產家獨生子

四十歲的獨生子突然說要跟一名女性結婚，北關東地區的富豪覺得非常奇怪，因而委託我們調查。

據那名女性表示，她是澳洲和日本的混血兒，現年三十歲。目前在知名的娛樂企業任職，家住六本木新城。委託人的兒子在婚姻聯誼派對上認識這名女性，深深著迷於女子出眾的氣質。

在他告訴對方，自己是當地大地主的獨生子，本身是名資產家之後，女方便馬上展開猛烈攻勢，兩人情感也逐漸升溫。調查後發現，那名女性看起來十分年輕，實際年齡卻已經五十多歲。她的工作地點並不是知名的娛樂企業，而是從事食品直銷，靠美人計增加客戶。

最近，她的直銷事業似乎碰到瓶頸，於是便把目標轉移到委託人的兒子身上，「只要一百萬日圓，就可以低價採購鑽石，所以想要投資」、「為了你，我希望變得更美。幫我出四百萬日圓的整形手術費」等，女子用各種理由向委託人的兒子索取金錢，甚至還說自己懷孕了，逼迫委託人的兒子盡快跟她結婚。

缺錢的時候，兒子總是會找父親商量，請父親拿錢資助。事實上，兒子是父親某間管理不動產公司的社長，或許是因為從小嬌生慣養的緣故，兒子並不是個可靠的男人。父親十分憂心，馬上聯想到他正在交往的女朋友，因而決定仔細調查一番，果然不出所料。父親怒不可遏的斥責兒子，震怒的模樣連兒子都害怕得顫抖，之後，透過律師介入，才終於讓兒子和那名女子切斷關係。

晚婚的負面影響，對男性所造成的陰影似乎遠比女性更深。草食系男性增加、不擅長和女性交談、沉迷於動漫，回過神才驚覺早已過了適婚年齡，於是便選擇婚姻聯誼派對等活動。

如果只是因為那樣，當然不會成為女詐欺師的目標，但如果是富豪的兒子，那就另當別論了。對方恐怕不費吹灰之力，就能侵入那種男人的心，最後連財產都遭吞噬一空。

如果富豪的家庭裡，有超過適婚年齡的人，還請多加注意。然後，試著調查看看，家中成員是否有誰正被女詐欺師的陰影所吞噬？

# 11　小心黑寡婦

嚴格來說，黑寡婦或許稱不上結婚詐欺，不過，日本電影《後妻業之女》（*Black Widow Business*）中的劇情確實存在。現在仍然有女人藉著花言巧語，接近將死的有錢孤獨老人（也未必全是老人），企圖成為對方的繼室，一邊生活，一邊日日祈禱丈夫早日撒手人寰，然後繼承丈夫的遺產，這就是黑寡婦。

本公司承接的案件似乎也是典型的黑寡婦。

## 父親被黑寡婦玩弄於股掌間！

居住在東京的委託人前來公司諮詢，他說獨自一人居住在山陰地方（按：泛指日本本州西部面向日本海一側的地區，涵蓋範圍為有鳥取縣、島根縣以及山口縣）的八十歲父親變得有些奇怪。一問之下才得知，久未返鄉的委託人，回去探望父親時，發現日曆上寫著「八十萬日圓」、「二十萬日圓」等金額，父親似乎是把那些錢送給女人了。

我們馬上展開調查，想了解委託人的父親究竟發生了什麼事。調查發現，那位父親有一位年約五十歲左右的紅粉知己，她經常去家裡探望父親。他們之間有什麼關係？為了進一步調查，委託人在桌子上面放置錄音機，企圖錄下他們的對話。

從對話內容得知，每當那名女性哭著說：「我沒有錢了，怎麼辦……。」委託人的父親就會給她錢，甚至連那名女性的女兒，也會用相同的手法要錢，委託人的父親也會大方的說：「沒問題，多少錢我都給妳！」爽快掏出現金。

委託人的父親靠著不動產事業致富，擁有數億資產。可是，自從共患難的妻子在五年前過世之後，就成了寂寞的獨居老人。不管怎麼說，調查員總算是掌握到她們騙取金錢的證據。她們究竟把錢花在哪裡？調查員開始跟監那對母女。結果，那對母女去了柏青哥店，才短短兩個小時，就把拿到的錢全部賭光。

「果然沒錯……。」聽到調查結果後，委託人沮喪的低著頭，忍不住嘆氣。調查發現，委託人的父親固定每個月資助那名女性一百萬日圓，四月的時候，還額外給了她女兒的搬家費用，以及就讀專科學校的學費。再這麼下去，父親辛苦攢下的資產肯定會被澈底掏空。身為兒子，他決定和其他兄弟一起繼承財產、守護父親的資產。

在律師的協助之下，他們凍結了公司旗下的資產，同時緊盯現金流向。沒想到，事情突然一百八十度大轉彎。委託人的父親居然說要跟那個女人結婚，就算明知對方結婚的目的是為了錢。如果父親堅持的話，他們也沒有辦法提出異議。

調查員再次介入調查，發現那名女性過去曾經因詐欺罪遭逮捕三次。委託人把這個事實擺在父親面前，重新說服父親，希望父親可以重新考慮，這個時候，父親才終於願意放手。財產守住了，但對父親來說，或許他並不在意遭到欺騙，只希望餘生能夠快樂度過就足夠了吧！

後記
# 潛藏社會角落，挖掘荒謬真相

我想透過本書的內容，大家應該可以稍微了解調查員是什麼樣的職業、從事什麼樣的工作，以及實際狀況。接觸到這些令人不敢置信的委託案件，是不是覺得既驚訝又好奇？

在現代社會中，調查員工作內容包含外遇調查、尋人、跟蹤狂、企業的信用調查、查找竊聽器等。調查員的業務，就像是在觀察潛藏在社會陰暗面的非凡世界、挖掘人類的荒謬真相。人類的行為模式沒有正確答案，只要那個人選擇的生活方式能夠為自己帶來幸福，就該全力給予支持，我相信這就是調查員最重要的任務。

這次為了撰寫本書，我從本公司的員工那裡，聽取了許多截至目前的案例，以及令人印象深刻的故事。不論是作為公司骨幹的資深調查員，或是剛進公司半年的年輕人，深談之後，我深刻感受到調查員這個職業所擔負的重大任務，以及他們全力專注於任務的熱情。

雖然我一直努力改善調查員的工作條件，不過還是有很多嚴苛、不足的部分。在如此嚴峻的環境裡，還能維持高效率的工作成果，讓我對他們深感敬佩。

不管是艱辛的現場、勞苦的跟監、充滿淚水的報告，這一切全都離不開人與人、社會與人，還有愛與包容。正因為如此，我們更應該貼近那些為煩惱所苦的委託人，讓他們變得更加幸福，而委託人的感謝之情，會讓終日辛勞的業務變得更有價值。

為了追求那些由衷的讚美，今天調查員仍會繼續跟監、埋伏。

小說家鈴木光司註的話

# 調查員，最了解人性的職業

之前，我的小說裡面曾出現一名調查員，那個時候，為了了解調查員的世界、調查員的日常活動，我透過編輯的介紹，認識了本書作者岡田真弓。

我們約在池袋總公司的事務所見面。不愧是率領眾多調查員的社長，她渾身散發著社長獨有的嚴肅氣息，同時又給人一股無法捉摸的神祕感。在嶄露笑容的同時，眼神綻放著冷靜的光芒，像是在打量著我似的。

「真是個不簡單的人物。」該說是因為徵信人員的身分嗎？那雙目睹過各種現場的眼睛，讓我充分感受到威嚴。不管怎麼說，我的目的並不是她，而是那些調查員的生態與實際活動。可是，我卻不知不覺忘了那個目的。

老實說，她的健談程度，就連身為小說家的我也自嘆不如，從很恐怖的故事，到奇妙有趣的故事都有。當然，她分享的內容並沒有超出保密義務的範疇，儘管如此，她所經歷的那些令人不敢置信的現實，還是令我驚愕連連。本書裡面也有許多唯有調查員才能體會的故事，但事實上，那些內容只不過是皮毛。

小說家會讓各種不同的人物在作品中登場。可是，即便是再怎麼破天荒且令人無法理解的角色，在創作世界裡，那個角色都有其登場的必要與意圖，正因為如此，故事才能毫無破綻，維持整體性。而在現實中，卻總有破天荒的人物突然冒出，沒有任何脈絡、半點意圖，只會在製造混亂後，甩頭離去。

佛教中，人類的煩惱有貪、瞋、痴，稱之為「三毒」。「貪」是指無止境的慾望；「瞋」是放任自己的情感，任由憤怒和不滿爆發；「痴」則是沒有正確看待事物，做出愚蠢的判斷。調查員必須仔細觀察三毒，壓力或許很大，但只要試著改變視角，就可以了解褪去虛假後的人類根本。他們可以直接碰觸到人類本能的慾望，不需要瞻前顧後。老實說，我還挺羨慕的。

人類慾望越是光怪陸離、複雜難解，就越接近真實。仔細想想，調查員或許就是為了解開男女複雜關係而存在。如果有人在看完本書之後，對調查員有興趣，又或者是有想諮詢的念頭，那就太幸運了。為什麼？因為再也沒有比調查員更能夠理解人類的職業了。

我突然想到一個問題。我現在仍然和岡田真弓保持密切聯繫。她創設了「MR偵探小說大賞」，而我也曾在她主持的廣播節目中受訪多次，但是，我發現自己還是沒有發掘到她的真實面貌。

正因為她是個難以掌握本質的女人，所以才會成為一名調查員吧？希望哪天可以偷偷委託調查員，真正了解她的人性。

註：是位日本作家，最著名的小說作品是《七夜怪談》系列。

國家圖書館出版品預行編目（CIP）資料

徵信社長才知道，婚姻的真相：世上有堅定不移的愛情？哪種人最容易外遇？經手 26 萬件外遇的徵信社長最知道的變心跡象。／岡田真弓著；羅淑慧譯. -- 初版. -- 臺北市：大是文化，2020.12
256 面；14.8×21 公分. --（Style；42）
譯自：探偵の現場
ISBN 978-986-5548-16-2（平裝）

1. 外遇　2. 婚姻　3. 徵信機構

544.382　　109013749

Style 042

# 徵信社長才知道，婚姻的真相

**世上有堅定不移的愛情？哪種人最容易外遇？**
**經手 26 萬件外遇的徵信社長最知道的變心跡象。**

作　　者／岡田真弓
譯　　者／羅淑慧
責任編輯／林盈廷
校對編輯／蕭麗娟
美術編輯／張皓婷
副 主 編／馬祥芬
副總編輯／顏惠君
總 編 輯／吳依瑋
發 行 人／徐仲秋
會　　計／許鳳雪、陳嬅娟
版權專員／劉宗德
版權經理／郝麗珍
行銷企劃／徐千晴、周以婷
業務助理／王德渝
業務專員／馬絮盈、留婉茹
業務經理／林裕安
總 經 理／陳絜吾

出 版 者／大是文化有限公司
臺北市 100 衡陽路 7 號 8 樓
編輯部電話：（02）23757911
購書相關資訊請洽：（02）23757911 分機 122
24 小時讀者服務傳真：（02）23756999
讀者服務E-mail：haom@ms28.hinet.net
郵政劃撥帳號 19983366　戶名／大是文化有限公司

法律顧問／永然聯合法律事務所
香港發行／豐達出版發行有限公司 Rich Publishing & Distribut Ltd
香港柴灣永泰道 70 號柴灣工業城第 2 期 1805 室
Unit 1805, Ph. 2, Chai Wan Ind City, 70 Wing Tai Rd, Chai Wan, Hong Kong
電話：21726513　傳真：21724355
E-mail：cary@subseasy.com.hk

封面設計／陳皜
內頁排版／顏麟驊
印　　刷／緯峰印刷股份有限公司

出版日期／2020 年 12 月初版
定　　價／新臺幣 340 元（缺頁或裝訂錯誤的書，請寄回更換）
I S B N　978-986-5548-16-2